百年荣耀

水木清华

孜粲 主编

北京出版集团公司
北京出版社

图书在版编目（CIP）数据

百年荣耀　水木清华 ／ 孔粲主编．—— 北京：北京
出版社，2011.3
　　ISBN 978 - 7 - 200 - 08648 - 5

　　Ⅰ．①百… Ⅱ．①孔… Ⅲ．①清华大学—校史—史料
Ⅳ．①G649.281

　　中国版本图书馆 CIP 数据核字（2011）第 043984 号

百年荣耀　　水木清华

BAINIAN RONGYAO　SHUI-MU QINGHUA

孔粲　主编

*

北 京 出 版 集 团 公 司
　　　　　　　　　　　　　　出版
北 京 出 版 社

（北京北三环中路 6 号）

邮政编码：100120

网　　　址：www . bph . com . cn

北 京 出 版 集 团 公 司 总 发 行
新 华 书 店 经 销
北京市雅迪彩色印刷有限公司印刷

*

787 × 1092　　16 开本　　12.75 印张
2011 年 4 月第 1 版　　2011 年 4 月第 1 次印刷
ISBN 978 - 7 - 200 - 08648 - 5
定价：58.00 元
质量监督电话：010 - 58572393

主　编：孜　粲

编委会：徐　宇　樊红刚　张　燕　卢道辉　严志敏　葛金龙　马光辉

　　　　谭　健　崔海涛　赵令家　林霄汉　吴世亮　陈宏川

摄　影：孜　粲　曾　顺　郭海军

支持单位：清华大学

清华

曾几何时，年轻的我们一心梦想着闯荡外面的世界，对于那时的我们来说，清华仅仅是一个驿站：带着喜悦与梦想而来，几年后，还要带着知识与信心而去。

入校时，我们刚告别懵懂青涩的少年时代；离校时，我们是风华正茂的热血青年。

您静静地看着我们来了又走了，您明白：孩子终究是要离开母亲的。会不舍，却不悲伤，因为您知道，雄鹰一定要去搏击长空！您更知道，我们还会回来的。

在母亲百年寿辰的今天，我们回来了，重回母亲的怀抱，重温母亲的慈爱。是您给了我们一生的荣耀，您的孩子们也一定会令您自豪！

谨以此书献给母校——清华大学。

编委会所有成员皆毕业于清华大学，于百忙中合编本书皆缘自对母校的一片深情。

目录

第一章

清华人文

第一章

清华园

第二章

清华人

第四章

学在清华

第五章

生活在清华

附录

院系设置

清華

第一章

清华人文

她因政治而生，更是将自己融入到了中华民族命运的血脉之中。

她历经百年风雨，却矢志不渝，百折不挠。

她是青少年心目中神圣的殿堂，一代又一代的优秀青年从这里走向社会，走向世界。

曾几何时，她被打上了工科、工程和技术的烙印，但这显然不是她的全部理想。

百年不是她的目标，羽翼渐丰的她，正在重新起航。

风雨百年 永远向前

从诞生之日起，清华大学就与中华民族的命运紧密联系在一起。尽管历经百年风雨，但"爱国、奉献、自强不息"的精神没有变，"行胜于言"的传统没有变，为祖国培养高素质人才的宗旨没有变，"今天我为清华骄傲，明天清华为我自豪"的情结没有变……建校至今，清华大学共培养了超过17万名毕业生，其中更是出了为数众多中华民族引以为豪的学术大师、兴业治国的栋梁之才。

百年历史的萌芽——清华学堂（1911）

1900年6月，八国联军发动侵略中国的战争。占领北京后，胁迫清政府于1901年(辛丑年)签订了《辛丑条约》，条约中规定中国向俄国、德国、法国、英国、日本、美国、意大利、比利时、奥地利、荷兰、西班牙、葡萄牙、挪威、瑞典十四国赔款白银45000万两，这就是历史上著名的"庚子赔款"。其中美国分得7.3%，3285万两，折合2444万美元。

后来，美国国务卿海约翰承认"赔偿过多"。1908年，美国国会通过法案，授权罗斯福总统退还中国"庚子赔款"中超出美方实际损失的部分(美元1165万492元2角9分)，用这笔钱帮助中国办学，并资助中国学生赴美留学。双方协议，创办清华学堂，并自1909年起，中国每年向美国派遣100名留学生，这就是后来的"庚款留美学生"。庚子赔款乃国耻之辱，而派学子留美，却是中国步上现代化国家轨道的重要举措。国耻的痛楚和重负，与振兴国运的责任和决心，就这样交织凝结在清华的100年校史和一代代清华学子的身上。在最初十多年间，由清华派出的留美学生就达1000多人。

1909年6月，清政府外务部、学部在侯位胡同设游美学务处，任外务部左丞参议、学部丞参上行走周自齐为总办，外务部候补主事唐国安、学部员外郎范源濂为会办。游美学务处负责主持招生和送学生到美游学工作。从1909年至1911年，游美学务处先后选派了三批直接留美生，共180人，其中有梅贻琦、张子高、赵元任、胡适、张彭春、庄俊等。1909年8月，清政府准将赐园做旅美肄业馆。赐园，康熙时为熙春园，咸丰时称清华园，道光时赐给道光的五子奕淙，奕淙传于载濂，义和团事件中载濂被充军新疆，清内务部将赐园收回，后分给旅美肄业馆。1911年2月，游美学务处和筹建中的游美肄业馆迁入北京西北郊的清华园，将肄业馆定名为清华学堂。这年4月29日，清华

学堂开学，这便是清华历史的开端。后来，学校便把每年4月的最后一个星期日定为校庆日，一直到今天。

清华大学前身——清华学校（1912—1928）

辛亥革命发生后，游美学务处撤销。1912年10月，清华学堂改名为清华学校，但办学宗旨、学制和课程设置并无大的变动，仍是一所留美预备学校，校中"一切均仿照美国学堂"，"以造成能考入美国大学与彼都人士受同等教育为范围"。由唐国安任校长，周诒春任副校长，改由外交部全权管理，教育部不再参与，但实际听命于美国驻华使馆，美国通过校董事会对校务进行控制。

学生在校学习8年，中等科4年，高等科4年，频繁的考试、苛刻的记分、出洋的前途，促使学生用功读书，出国后一般都具有美国同年级学生的水平。高等科的三、四年级，实际是大学的一年级或二年级，或相当于美国大学的初级大学（Junior College），毕业后一般直接进入美国大学的二、三年级。在课程设置上，上午为西学课：英文、作

文、公民(美国)、数学、地理、西洋历史、生物、物理、化学、政治学、社会学、心理学，一律使用美国教科书，用英文讲课。下午为国学课：国文、历史、地理、修身、哲学史、伦理学、修辞、中国文学史，用中文教科书和中文讲课。上午教师是美国人和中国人，下午则是中国老先生，多为在清朝有过功名的。上午的功课及格，方能毕业，下午的课就随便了，不在考核之列。考试频繁，有月考、十分钟考，口试差不多日日有。记分标准用100分制，1916年前为60分及格，1917年改为70分及格。1918年采用美国密苏里大学的记分制，分超、上、中、下、未、不到六等，各有一定比例，两头数少。这种方法无绝对的标准，成绩是相对的，总要淘汰一批学生。清华学校的淘汰率很高，如在1911年至1912年间，学校共招收1500名学生，除在校学习的383人外，毕业的

清华学校1918级留美学生在上海登上船后的全体合影

只有636人，而历年被开除的有301人，退学的135人，死亡45人，淘汰率高达32%。

学校经常请名人来校做演讲，杜威、罗素、泰戈尔、李大钊、陈毅、蔡元培、颜惠庆等各界名人均曾来校演讲。1914年，梁启超以一场《君子》的演讲，激起了清华人心中层层波澜，那句选自《周易》的"天行健，君子以自强不息；地势坤，君子以厚德载物"的勉励之词，被清华人浓缩为"自强不息，厚德载物"8个字，作为清华校训延续至今，成为一代代清华人的精神动力。

清华采取强迫运动的方式加强清华的运动风气。用行政手段和教师的检查督促，要求学生必须参加每天下午的课外体育锻炼（夏季4时半至5时半，冬季4时至5时）。届时，学校关闭所有的教室、图书馆，教师到宿舍进行检查，到操场上进行辅导，督促所有学生积极锻炼。除生病者外，学生不得停留在室内，必须到户外或体育馆去，自由选择自己爱好的运动项目进行锻炼，不管严寒酷暑，毫不例外。1919年，体育被列为正式课程，学校规定体育不及格者不准出洋，也确有学生因体育不及格没能按时出国。比如吴宓，因跳远不及格而被学校扣留半年，直至通过测试。马约翰提倡的"Fight to the finish, never give in"（坚持不懈，永不放弃）精神更是深入人心。此后的清华，一直坚持重视体育的优良传统，体育精神深深浸透整个清华园。其后，清华也一直以"要求严、外语好、体育好"闻名海内外。

1913年，周诒春任清华学校第二任校长。1916年，周诒春鉴于我国现代教育的发展，提出了将清华"逐年扩充至大学程度"的规划，并即着手在改革课程设置、延聘教师、增添设备、兴建校舍等方面，参照美国大学进行筹划，于是清华早期四大建筑——图书馆、体育馆、大礼堂、科学馆由此诞生。1920年起学校停止招收中等科一年级新生，又将高等科四年级改称为"大一"，迈出了"改大"的第一步。1922年，曹云祥校长到职后，积极推进"改大"进程，聘请胡适、范源濂、张伯苓、张福远、丁文江五位学界名人，为清华大学筹备顾问。1925年，设立了新制大学部，开始招收大学一年级学生，并创建了国学研究院。此后，清华学校由留美预备部、大学部和国学研究院组成。1925年9月1日，国学研究院与大学部同时开学，吴宓为首任研究院主任，聘请王国维、梁启超、陈寅恪、赵元任为导师，招收第一届国学研究生30多人，研究范围包括中国历史、哲学、文学、语言、文字学以及西方学者研究中国文化的成绩主张。

从1911年至1929年，清华先后培养和选送留美生1109人，此外，还有以"庚款"为津贴的留美自费生476人，官费生80人。这些留美生在美国，大都是一腔爱国热忱，身在北美，心系祖国，勤奋钻研，学有专长，回国后受到各界的重视。这一时期的清华学子中，后来许多人成为我国科学、文化和教育界的著名专家学者，如竺可桢、侯德榜、茅以升、金岳霖、吴宓、叶企孙、周培源、张钰哲、闻一多、潘光旦、马寅初、杨廷宝、梁思成、顾毓、贺麟、王力等。在1955年公布的首批236名中国科学院学部委员中，有这一时期的清华学生34人，占总数的14.4％。他们以自己的专长，为祖国的科学、文化、教育事业作出了重大贡献。

重大转折——国立清华大学（1928—1946）

1928年8月，南京国民政府接管清华，定名为国立清华大学，清华进入了快速发展阶段，因学风严谨、师资雄厚和办学经费充裕，由大学"新军"而迅速成为全国一流的高等学府。

罗家伦受命出任国立清华大学首任校长，他到校之初进行了一些革新，诸如清查与巩固清华基金，提高中国教师地位，招收女生等。但不久即借纪律化而推

行国民党的党化教育，与清华的民主传统发生冲突，引发了"驱罗"学潮。罗家伦辞职离校后，在不到一年的时间内，相继发生了"拒乔"(拒绝乔万选出任校长)和"驱吴"(驱逐吴南轩校长)的风波。后由梅贻琦于1931年12月接任清华大学校长，直至1948年12月离校。梅贻琦担任清华校长期间，采取了一系列措施，延请名师，重视科学研究，发展"民主治校"，全力支持"教授治校"，营造了清华园内自由民主的气氛。

20世纪30年代的清华园，名师云集，群星璀璨，聚集了一大批各个领域的顶尖学者，文学院院长先为杨振声，后为冯友兰，中文系和外文系著名教授有朱自清、闻一多、杨树达、

王力、吴宓、俞平伯、陈寅恪等，理学院院长先后由叶企孙和吴有训担任，物理系著名教授有叶企孙、吴有训、周培源等，算学系著名教授有熊庆来、陈省身，此外，张子高、翁文灏、陈岱孙、顾毓琇、马约翰等名师也受聘于清华，这样一批知名学者和专家汇聚一堂，在国内形成了一个颇有影响的学术团体。

正是在20世纪30年代，清华大学传承、发展，并确立了"民主治校"的制度，教授会、评议会、校务会，以及各专门委员会，均由教授充任之，并纳入学校管理体制。中文系的朱自清教授在谈到"清华的民主制度"时说："在这个比较健全的民主组织里，同仁都能安心工作，乐于工作。它使同仁觉着学校是我们大家的，谁都有一份儿。"民主治校，充分调动了教师们教学、科研以及管理学校方面的积极主动精神，发扬了"学术第一、讲学自由、兼容并包"的办学传统。1928年至1937年间，国立清华大学得到长足发展，学校的规模也不断扩大，在校学生人数（不含研究生）由1928年的400多人增至1936年的约1223人，教师达210多人。

1937年抗战爆发后，清华举校南迁湖南长沙，与北大、南开联合成立长沙临时大学。1938年因战事所迫，又迁往昆明，于同年5月开学，定名为"国立西南联合大学"。西南联大没设校长，由北大校长蒋梦麟、清华校长梅贻琦、南开校长张伯苓和联大秘书长杨振声组成常务委员会，梅贻琦为常委会主席，主持校务。集三校之长，名师云集，齐心合力，共度时艰，以"刚毅坚卓"为校训，"尽笳吹弦诵在春城"（联大校歌歌词）。此时学校有3000学生，是当时国内规模最大的高等学校。在战火纷飞、物质条件极度匮乏的岁月里，师生休戚与共、艰苦办学，联大也以名师云集、水平高、学风好而蜚声海外，培养了大批优秀人才。前后任教的知名教授有朱自清、闻一多等300余人，他们都是各个学科、专业的泰斗、顶级专家；学生有8000人；联大师生担任中国科学院、工程院院士的共171人（学生92人），其中杨振宁、李政道2人获得诺贝尔奖，赵九章、邓稼先等8人获得"两弹一星"功勋奖，黄昆、刘东生、叶笃正3位获得国家最高科学技术奖，宋平、彭珮云等人成为国家领导人。

抗日战争胜利后的1946年，清华大学迁回清华园原址复校。复校后的清华大学，办学方针、教学制度以及教学作风均承袭过去，保持了清华的治学精神和文化氛围。至1948年底，全校设有文、理、法、工、农5个学院，26个学系，一个研究院，23个研究所。这一时期，不管是清华大学，还是西南联大，教学中奉行的都是"通才教育"，又称"自由教育"。

1948年12月清华园解放。此时的清华大学已经是一所设有理、工、文、法、农5个学院26个学系23个研究所的知名综合性大学。1949年5月4日北平市军管会决定成立清华大学校务委员会，任命物理学家叶企孙为校委会主席，主持校务。从此，清华大学进入了一个新时期。

清华人把1911年至1949年的清华称为"老清华"。"老清华"在中国教育史上是值得深入研究的一段历史。人文荟萃，大师云集，是这段历史的重要特色。德国古典风格的清华学堂，是当年"国学研究院"所在地，著名的国学四大导师梁启超、王国维、陈寅恪、赵元任及考古学家李济、文学家吴宓等曾在这里会聚，他们倡导的"中西融汇，古今贯通，形成独具特色的清华学派"，培养了整整一代国学研究家。

从1928年至1948年，清华大学(包含西南联大)共毕业大学生5503人，研究生64人，还有一批留美公费生，为国家、为民族培养了大批杰出人才，如王淦昌、钱钟书、王竹溪、赵九章、王铁崖、曹禺、夏鼐、季羡林、钱学森、陈省身、费孝通、钱伟长、吴晗、钱三强、王大珩、林家翘、梁守、姚依林、宋平、蒋南翔、屠守锷、杨振宁、李政道、邓稼先、朱光亚等，我国现代学界泰斗几乎尽在其中，至1980年公布的537名中国科学院学部委员中，这一时期的清华学生有134人，占总数的近四分之一。

新清华——建设多科性工业大学（1949—1976）

新中国成立后，于1952年展开国家高等教育院系调整，清华大学原有的文、法、理三学院除留下20多人外，全部调整到北京大学、中国人民大学、中科院等8所兄弟院校和相关单位，北大、燕京两校工科院系调整到清华，清华航空学院、石油系等调出组成独立院校。经过调整，清华大学成为一所多科性工业大学，设8个系22个专业，全部根据苏联教学大纲授课，教学制度和教材内容也要采用苏联的，因此，筹委会要求所有清华教师学习俄文，并且要考核通过。此次院系调整，由于一批著名教授调离清华，还附带大量的书籍和教学资料，清华的师资力量一度受到影响。为了尽快建设一支高素质的教师队伍，学校一方面提出了"两种人会师"的口号，鼓励广大教授和党员教师走"又红又专"的发展之路；另一方面召唤着大批海外学子冲破重重阻挠回归祖国，清华的师资力量逐渐得到恢复和壮大。

1952年11月24日，中央人民政府任命蒋南翔为清华大学校长，1956年兼任校党委书记。蒋南翔出任校长后，带领师生员工积极探索符合中国国情的社会主义高等教育的办学道路，在培养又红又专、全面发展的工程技术和尖端科技人才方面成绩卓著，不失时机地兴建了原子能、电子及自动控制等新技术领域的10个专业，并逐步建立了工程物理、工程化

学、工程力学数学和自动控制系及一批研究机构，使清华大学迅速发展成为一所具有强大实力的多科性工业大学，成为青年人向往的"红色工程师的摇篮"。尤其是1957年为配合国家发展航空航天和火箭技术的需要，清华创办了工程力学研究班，著名科学家钱学森和钱伟长担任班主任，为我国培养了第一批高级航空航天技术人才和力学研究人员，他们当中的很多人成为我国"两弹一星"事业中的骨干人才。

1955年6月，清华教授钱伟长、孟昭英、张光斗、张维、梁思成、刘仙洲、章名涛被国务院批准为中国科学院第一批学部委员。以后调入或新聘的学部委员还有黄文熙、吴仲华。其他在学术界享有盛誉的还有施嘉炀、张子高、马约翰、庄前鼎、陶葆楷、张任、李辑祥、金希武、李酉山、钟士模、汪家鼎等。

1958年开始，学校贯彻教育与生产劳动相结合的方针，创造了教学、科研、生产三结合，结合工程设计或科研进行"真刀真枪"毕业设计等经验。20世纪60年代初期，学校贯彻中央"调整、巩固、充实、提高"的方针，贯彻"高校六十条"，明确提出"三阶段、两点论"，纠正在"大跃进"中一度出现的劳动过多和所谓"学术批判"等"左"的错误做法，坚持教学为主，发挥教师主导作用，贯彻"少而精"，开展因材施教，提高了教学质量。在1965年举办的高教部直属院校科研生产成果展览会上，清华有70多项成果参加展出，数量居各高校之冠。这一时期校园向东延伸，原紧邻校园东侧的京张铁路向东迁移，校园面积由解放初的92公顷扩大到212.5公顷，在东区建造了7万多平方米的雄伟壮观的主楼、工程物理系馆和精密仪器系馆以及东区学生宿舍楼群。

十年"文化大革命"使党、国家和人民遭受了新中国成立以来最严重的挫折和损失，也给清华带来严重的灾难。在逆境中，师生员工以各种方式进行斗争，并做出许多成绩。如高景德、钱宁、潘际銮等分别在电机理论、治理黄河粗泥沙来源区、节能逆变焊机等方面作出突出研究成果。10年间，招生工作中断4年之久，仅培养了6届共计16995名工农兵学员。

新的征程——建设世界一流大学
（1976年至今）

"文化大革命"结束后，在党的十一届三中全会改革开放路线指引下，清华大学进入了一个改革开放和发展提高的新阶段。1977年4月，中央委派教育家刘达任校党委书记兼革委会主任，翌年任校长，领导学校拨乱反正，冲破"两个凡是"，对学校进行恢复调整，为学校的发展提高打下了坚实的基础。

1978年6月23日，邓小平接见方毅、蒋南翔、刘西尧、刘达等，听取关于清华大学的情况汇报，指示"办学校，要按照学校工作的规律办，要按照教育的规律办"，"将来清华应发展到两万学生，研究生至少二三千"，"在学校工作的干部，本身要懂行，最主要的经验是这个"。党的十一届三中全会以后，在党的基本路线的指引下，按照邓小平同志"面向现代化、面向世界、面向未来"的指示，清华进一步明确了"一个根本(学校的根本任务是培养人)，两个中心(学校既是教育中心，又是科学研究中心)，三方面结合(教学、科研、社会主义建设实践相结合)"的办学方针，以"着重提高，在提高中发展"为指导思想，进入到一个蓬勃发展的新时期。在深化改革、扩大开放的过程中，清华逐步恢复了理科、经济管理和人文社会科学等学科。

改革开放30多年来，清华大力推进教学、科研

和管理体制的改革，学校结构和面貌发生了深刻的变化。目前，清华大学设有理学院、建筑学院、土木水利学院、机械工程学院、信息科学技术学院、人文社会科学学院、经济管理学院、法学院、美术学院、公共管理学院、应用技术学院等15个学院共55个系，其中一级学科国家重点学科22个，二级学科国家重点学科15个，一级学科博士或者硕士学位授权点达40余个，二级学科博士或者硕士学位授权点达230余个，博士后流动站37个——清华大学逐步成为当代中国著名的设有理、工、文、法、管理、艺术和医学等学科的综合性大学。

从1911年建校至今，清华学校和清华大学共培养全日制学生超过17万人。这

17万余名毕业生遍布海内外，成为我国经济、教育、科技、文化、政治、军事各个领域的骨干，涌现出许多治学大师、科学巨匠、兴业英才、治国栋梁，为我国民族解放、革命和建设事业作出重大贡献。在历届校友中，有400人左右成为中科院院士、中科院哲学社会科学部委员、中国工程院院士，占院士和学部委员总数的30％左右。

今天，清华大学以高水平的教学质量和科研成果及良好的育人环境，成为优秀青年学生向往的高等学府，每年约有3000余名优秀学生走进清华（本科生及研究生）。多年来全国高考各省市自治区理工类考生中前10名（尤其是第1名），有50％以上被清华大学录取，清华大学不仅是理科生心目中神圣的殿堂，也有越来越多优秀的文科生将人生坐标定在了清华大学。遍布各地的清华校友在国家的各个建设岗位上乃至国际上得到认可和荣耀，这是清华对祖国和人民的回报，是清华为祖国作出的最大贡献。清华大学正沿着"把清华大学逐步建设成为世界第一流的具有中国特色的社会主义大学"的目标稳步前行。

影响清华历史的校长们

校长是大学的灵魂，是他们造就了清华的历史，赋予清华以灵魂和气质。在清华的100年历史上，众多的校长们做出了不懈的努力，才造就了今天的清华大学。尤其需要浓墨重彩的，是如下的几位。因为他们，清华这艘大船才能在大海中在关键时刻坚持正确的方向乘风破浪。

清华大学的缔造者——周诒春

他虽然离我们很远了，但我们不可以忘记。百年清华，虽然历经风雨，但并没有走多少弯路，在建校后二三十年，迅速成长为国内知名大学，这在当时的条件下，极为不易，这得归功于他。清华的许多方针、政策、办学思想等都与他任校长期间的重要建树分不开。他在任内，确定的"自强不息，厚德载物"八字清华校训，后来陆续演绎为清华校徽、校歌等的内容，鼓舞着一代代清华人为追求崇高理想而奋斗不已。清华园内那些"具有清华大学地标意义"的、迄今仍被校友们视为"清华校园文化象征"的四大建筑——大礼堂、图书馆（旧馆）、科学馆、体育馆（西馆前健身房），以及二校门等诸多老建筑，也是他亲自规划督造的。他对清华最重要的贡献，则是在1916年首先提出把清华逐步过渡到一所完全、独立之大学的完整计划。他就是周诒春。

周诒春，字寄梅，祖籍安徽休宁，1883年12月29日生于湖北汉口。1907年毕业于上海圣约翰大学，后赴美入威斯康辛、耶鲁等校学习教育、心理等专业，1909年获得硕士学位后回国，曾参与颜惠庆主编的我国第一部《英汉大字典》的工作。1912年任南京临时政府外交部秘书，并曾任孙中山先生英文秘书一职；后任清华学校第一任副校长，并接张伯苓兼任清华第三任教务长。1913年8月，清华学校校长唐国安病逝，当年10月间至1918年1月周诒春就任校长。

周诒春在校长任期内，不满足于在工字厅周边按部就班地办留美预备学校，他想要办大学。1916年4月，周诒春以清华学校校长的名义呈文外交部，着眼于民族教育独立，最先提出把清华由留美预备学校改办成完全学校，并逐渐扩充课程，设立大学部。这一计划得到批准。周诒春指出，清华学校有良好的基础，充足的经费，为图久远计，将清华逐年扩至大学程度是学校今后发展的当务之急。否则，到1940年庚款还清之后，清华经费将难以为继，因此不如未雨绸缪，渐求扩充，早定基础。

1914年冬，周诒春邀请梁启超先生到清华演讲，梁以《君子》为题，引述《周易》"天行健，君子以自强不息"及"地势坤，君子以厚德载物"勉励同学。之后，周诒春遂将出自《周易》的"自强不息，厚德载物"这八个大字，用作为清华史上的第一个校训，并将这八个字刻于校徽之上，永久流传，直至今日，这八个字仍是清华校训，师生以此自律，视其为"清华精神"之精髓，代代相传。

清华园内那些被誉作"具有清华大学地标意义"的、迄今仍被校友们视为"清华校园文化象征"的四大建筑——大礼堂、图书馆（旧馆）、科学馆、体育馆（西馆前健身房）以及二校门等诸多老建筑，也是周诒春组织设计建造的。当时，周诒春为了实现他的清华"改大"宏图，积极进行物质准备，一手组织设计施工，在清华园大兴土木，为清华发展成为大学初创了坚实的基础。

周诒春在清华学校以要求严格著称。他曾经推行著名的"强迫运动"：冬季每天下午4时至5时，夏季4时半至5时半为运动时间，在那一小时内，图书馆、教室、宿舍一律锁门，学生都必须到户外操场或体育馆内去锻炼。所以他一直被视为清华体育传统的开创者。

"他很严格，这是毫不让步的；但是他人是很有善心的，就是说，你感觉他很温暖，他是为你好。所以后来我接触到的他的学生对他都是有好感的。"他的儿子、协和医院名医周华康老先生这样描述父亲。

"老校长"周诒春之于清华的关系，正如温源宁教授所说的那样：老一代的清华人，包括清华大学最著名的校长梅贻琦，始终以"老校长"称之。这就难怪出现了这么两件有关周诒春的逸事：一件是周诒春辞去校长职务离开清华那天，全校曾经集合，学生们身着军操制服，一齐举枪，向他致敬；另一件是好长时间之后，清华大学发生了几次"校长风潮"，师生们又想起了他们的老校长，于是派代表到周诒春家里"劝驾"，同时在校刊上发出"请教育部任命周诒春为校长"的呼吁，却因周诒春本人坚定拒绝而作罢。

奠定清华校格的教育思想家——梅贻琦

梅贻琦，字月涵，1889年12月29日生于天津。1931年至1948年任国立清华大学校长，是清华大学历史上任期最长的校长，被誉为"终身校长"。梅贻琦对清华的贡献，一是为清华招揽了大批人才；二是确立了清华的民主管理模式。

梅贻琦在其就职演说时，发表了著名的"所谓大学者，非谓有大楼之谓也，有大师之谓也"的演讲，在其任期内以此为指导思想为清华遴聘了大批"大师"。尽管当时清华大学聘请了国内外名望甚高的师资力量，如国文系朱自清、俞平伯，外文系吴宓，物理系叶企孙、吴有训、萨本栋，哲学系金岳霖，历史系蒋廷黻，地学系翁文灏等，但师资队伍仍显不足，尤其是当时计划在清华创办工学院，这几乎是从零开始。于是，梅贻琦提出了"大师论"，多方礼聘人才，一时有识之士闻风景从，先后应聘来校的国内外名师有闻一多、顾毓琇、潘光旦、张岱年、陈省身等；后来，著名的数学家华罗庚作为一个只有初中学历的人，被破格召进清华大学加以培养，又从一位系资料员被破格提升为助教，而且被允许修习大学课程，被送到英国剑桥大学去"访问研究"，最后又未经讲师、副教授阶段而被破格聘为教授，上述过程大多是在梅贻琦的亲自过问下实现的。他实行休假制度——教授工作一定年限后，就可以休假一年，可赴欧美从事研究，学校开支一半薪水，还给予往返路费。这个传统在西南联大时结出硕果：西南联大的教师名士如云，共开出1600门课程，且各人学术及兴趣爱好迥异，互为印证。这时期的清华教师队伍，无论是教师资质还是集中程度，

1941年昆明清华大学校领导合影。左起：施嘉炀、潘光旦、陈岱孙、梅贻琦、吴有训、冯友兰、叶企孙

在国内都是无与伦比的。

梅贻琦在学术界享有崇高的声誉，除了他的"勤政"之外，"廉政"也是一个重要因素，其俭德口碑极隆。梅贻琦一到任住进清华园甲所(校长宅)，便放弃传统的校长特权：家里用工的薪金、电话费，以及学校免费提供的两吨煤，全部自付。他认为："虽是款项有限，但这是个观念和制度的问题。"西南联大岁月，他与普通教授一样租用的是窄小的民房，两把硬椅子放在阶台上算是客厅。学校配给他一部小车，当物价飞涨时，他毅然封存了汽车，辞退了司机，外出应

酬则以人力车代步。他们家的生活极为艰苦，"经常吃的是白饭拌辣椒，没有青菜，有时吃点菠菜豆腐汤，大家就很高兴了"。为了补贴家用，夫人韩咏华与教授夫人们一道绣围巾、做帽子上街去卖，后来与潘光旦、袁复礼夫人组成"互助组"，自制一种上海点心，取名"定胜糕"(抗战一定胜利)。

教授治校是以美国耶鲁大学为代表的一种高校管理模式，其根本是教授在大学的决策与管理中起决定性的或主导的作用，学校的行政机构起服务与辅助作用。清华大学当时教授治校的组织基础是教授会、评议会和校务委员会同时存在。教授会由教授、副教授组成。而评议会是这个体制的核心，是校内最高的决策、立法和审议机构，以校长、教务长、秘书长、各学院院长及教授互选之评议员若干人组成。各学院院长都由教授会从教授中推荐，教务长习惯上也由教授中聘任。梅校长每谈治校之道，总说"吾从众"。著名经济学家陈岱孙曾撰文高度评价这一制度："在校内，它有以民主的名义对抗校长独断专权的一面；在校外，它有以学术自主的名义对抗国民党派系势力对教育学术机构的侵入和控制的一面。"可以这样说，梅贻琦亲自确立了这种削弱其校长权力的管理体制。

梅贻琦刚出任清华校长时，清华颇有名气但无学术地位。著名经济学家陈岱孙回忆，1929年他到清华教书时，清华已经有两年大学班了。那时的清华，报名人数并不太多，例如录取150名学生，报名不过400人左右。而梅贻琦出任不到10年时间，清华便声名鹊起。在他任校长的17年里，清华大学得到长足发展。这一切，首先应该归功于梅贻琦的教育思想。

《大学一解》体现了梅贻琦教育思想的核心观念。在那篇梅贻琦拟纲，潘光旦执笔的文章中，梅贻琦首先提出了"通才教育"这一核心观念。这种"通才教育"并非西方"Liberal Education"的简单搬移，而是一种以中国古代儒家"大学"教育思想为基础，博采近代中外大学教育思想的精粹融合而成的具有独立性的思想体系。梅贻琦认为，大学阶段的直接培养目标应该是"通才"，不应该也不可能负担起直接为社会各行各业培养"专才"的任务。这种任务应该由其他教育机构来承担。而大学应着眼于为学生们通向高深而做基本训练。

其次，梅贻琦针对当时教育部所提倡的"只重专才，不重通才；重实科不重文理"的教育方针指出，大学应该着眼于对学生"人格"的全面培养，至少应该有知、情、志三个方面。在这篇他的教育思想代表作中，他还用了足够的篇幅论述教师在高等教育中的作用问题，梅贻琦认为，教师不单要能"以己之专长之特科知识为明晰讲授"，而且要为学生的"自谋修养、意志锻炼和情绪裁节"树立楷模。其中的一段话至今多为人们所征引："学校犹水也，师生犹鱼也，其行动犹游泳也，大鱼前导，小鱼尾随，是从游也。从游既久，其濡染观摩之效自不求而至，不为而成，反观今日师生关系，直一奏技者与看客之关系耳，去从游之义不綦远哉！此则于大学之道，体认尚有未尽实践尚有不力之第二端也。"此即为著名的"从游论"。

最后，在《大学一解》中，梅贻琦着重论述了学术自由在大学教育中的特殊重要性。这也是他们那一代的教育家们的共识，1945年11月5日，梅贻琦在日记中写道："对于学校时局则以为应追蔡子民先生兼容并包之态度，以恪尽学术自由之使命。昔日之所谓新旧，今日之所谓左右，其在学校，应均予以自由探讨之机会，情况正同。此昔日北大之所以为北大；而将来清华之为清华，正应于此注意也。"梅贻琦的教育思想，奠定了清华的校格。

梅贻琦从1931年起担任清华大学校长。在他任校长之前，清华师生赶走校长、赶走教授是常有的事，校长在任时间都不长。有人问梅贻琦任期之长有何秘诀，梅说："大家倒这个，倒那个，就没有人愿意倒梅(霉)！"其实根源在于，梅贻琦对学校的责任感和对教师、学生的爱护。

潘光旦是清华的教务长，梅贻琦的老同事、老朋友。1936年2月29日，警察局到清华大搜捕，逮捕数十位无辜的同学。学生们误认为是潘光旦向当局提供的名单，围攻潘。潘是残疾人，一条腿，双拐被丢在地，只能用一条腿保持身体平衡。梅贻琦觉得他是一校之长，不能让朋友代己受过。他挺身说："你们要打人，来打我好啦。你们如果认为学校把名单交给外面的人，那应由我负责。"他对情绪激动的同学们说："晚上，来势太大，你们领头的人出了事可以规避，我做校长的是不能退避的。人家逼着要学生住宿的名单，我能不给

...而不思則罔
思而不學則殆

孔子

如果我比笛卡兒看得遠些，那是因為我站在巨人們的身上的緣故。

伊薩克·牛頓

吗？我只好抱歉地给了他们一份去年的名单，我告诉他们可能名字和住处是不大准确的。……你们还要逞强逞英雄的话，我很难了。不过今后如果你们信任学校的措施与领导，我当然负责保释所有被捕的同学，维护学术上的独立。"

吴晗教授思想活跃，当局曾令清华解聘吴晗。梅贻琦一面拒绝，一面悄悄地通知吴晗离去。

梅贻琦爱生如子。他说："学生没有坏的，坏学生都是教坏的。"

国难当头，学生运动迭起。梅贻琦完全理解、同情学生的爱国热忱。他以超人的冷静维持稳定局面。学生进城游行后，梅贻琦派卡车把同学接回。对当局逮捕、开除学生，他总想方设法予以保护，或通知可能要遭逮捕的学生立即离校。一次为掩护郭德远同学脱险，甚至同意把他藏在自己的汽车里偷运出去(未实施)。有学生被逮捕，他总是费尽周折去保释。学生们也很体谅梅贻琦，每要闹学潮时，顾虑到会影响梅校长的地位，总要先贴出拥戴梅校长的大标语。对梅贻琦与警察局周旋呵护学生的行迹，学生们模仿梅校长的口吻，编了一首顺口溜：

大概或者也许是，不过我们不敢说。

传闻可能有什么，恐怕仿佛不见得。

尽管梅贻琦自己很节俭，但对穷困、病难的学生，他总是慷慨解囊，予以济助。学生林公侠在香港中风，贫病交加，梅贻琦闻讯，从美国汇一笔"数目巨大"的款子，帮他渡过了难关，并勉励他："好好养病，保留此身，将来为国家出力。"

梅贻琦在1941年曾说："在这风雨飘摇之秋，清华正好像是一条船，漂流在惊涛骇浪之中，有人正赶上负驾驶它的责任。此人必不应退却，必不应畏缩，只有鼓起勇气，坚忍前进。虽然此时使人有长夜漫漫之感，但吾们相信，不久就要天明风定，到那时我们把这条船好好开回清华园，到那时他才能向清华的同仁校友敢说一句'幸告无罪'。"梅贻琦以他的智慧、务实精神和果断的态度，在那非常的岁月，保存了清华的元气，实现了他的理想。

梅贻琦个性沉静，寡言、慎言，叶公超用"慢、稳、刚"三个字形容他。陈寅恪说过这样一句话："假使一个政府的法令，可以和梅先生说话那样谨严，那样少，那个政府就是最理想的。"

1955年，梅贻琦由美国飞台湾，开

始用清华基金会利息筹办"清华原子科学研究所"，也就是台湾新竹清华大学的前身，梅贻琦因为一手奠定了台湾大学的清华基础，被称为"两岸清华校长"。

1962年5月19日，梅贻琦病逝于台大医院。他逝世后，秘书把他在病中一直带在身边的一个手提包封存了。

两个星期后，在有各方人士参加的场合下启封。打开提包一看，原来是清华基金的账目，一笔笔非常清楚。

雄才大略的高校校长——蒋南翔

5年清华学生，14年清华校长，在他75年的人生历程中，有25年属于清华。从曾经的一二·九学生运动到30年后的"文化大革命"，他以革命家的坚定、政治家的敏锐，以及职业教育家的纯粹，带领清华在时局中进退。1952年，蒋南翔入主清华园，成为清华大学第一位共产党校长。不久之后，当今社会耳熟能详的领袖们先后步入清华，胡锦涛进入水利系，吴邦国进了无线电系，黄菊学的是电机，吴官正读的是动力，此外，在蒋南翔任校长的清华园里，未来数以百计的副部级以上高官都在苦读，蓄势待发。在很多人的心目中，清华具有工科、工程、技术的特质。但实际上，清华因政治而生，清华更是融入到了中华民族命运的血脉里。哪一所大学对中国政治影响最大？是清华。一位校长，能够影响一个学校，进而深刻影响一个国家，蒋南翔无疑是独一无二的。

1932年秋天，蒋南翔第一次步入梅校长的清华，进中文系学习，那时，蒋南翔风华正茂，只有19岁，他或许根本想不到，整整20年后，他会像梅校长一样，成为这个著名学府的掌舵人。那个时代，一切关于未来的理想都显得太奢侈，民族生存才是学生们最关切的问题。蒋南翔入学不久，日军抚顺守备队制造"平顶山惨案"，3000国人在惨案中毙命，这是日本在满洲的第一件骇人听闻的新闻。而此时的南方，蒋介石正调集50万大军，围剿红军，这势必在年轻人心中拱出一股怒气，仿佛南京只热衷内战，对外敌入侵东北反倒可以容忍。蒋南翔就是这群充满怒气的年轻人中的一员，这也是他策动一二·九学潮的根本原因。

1935年蒋南翔担任党支部书记，他在清华主持召开"全体学生大会"，讨论组织游行请愿。12月3日，蒋南翔再次主持大会，终于克服右派意见，通过了"清华请愿提案"。但清华学生会无意指挥这次请愿，于是全体学生大会另组"清华救国委员会"，蒋南翔为清华救国委员会写下著名的《告全国民众书》，其中一句深入人心，"华北之大已经安放不得一张平静的书桌了"。

蒋南翔还设法让吴承明等人利用清华仅有的两台油印机连夜赶制纸条、横幅等宣传品，为学生运动做准备。1935年12月9日上午10点，清华学生冒着北方冬季凛冽的寒风，在黄敬和姚依林的指挥下，从偏僻的清华园向北京城走去。途中，他们与黄华率领的燕京大学学生汇合，直逼城门紧闭的西直门，学生们在城墙下奔走呼号，坚持了一天，恨不能砸烂这腐朽的旧城门。这天深夜，美国记者斯诺给纽约《太阳报》发去一条新闻，说一二·九学潮是新的五四运动，"这是我第一次看到中国知识青年表现出来的政治勇气"。当年，斯诺夫妇就在这城门紧闭的城楼上，拍下了这段离奇的历史：一部分中国人反对外族侵略，一部分中国人却不得不参与镇压。宋哲元命令大刀队阻止示威游行的学生——这支曾砍下日军头颅的民族之师，一时成为镇压学生运动的魔鬼之师。此后，他又派出500名宪兵闯进清华园抓人。

宋哲元抓不到人，就要梅贻琦校长交出8个人，蒋南翔首当其冲，梅校长对蒋南翔说："我保护不了你们了，你们自想办法吧。"蒋南翔只得逃往上海，没有拿到清华的毕业文凭。梅贻琦没有想到，在他跟随国民党去台湾之后，这位始终以反对国民党为己任的年轻人会继任他的职位。

1932年，蒋南翔考入清华，读的是朱自清的中文系，20年后，在全国范围内的院系大调整中，清华取消了文学院和中文系，清华顿时从一所知名的综合性大

学退化成只剩下工学院的工程技术名校，而等待蒋南翔到来的清华就是这样。

蒋南翔不愿意看着清华变为普普通通的工科大学，决定另辟蹊径，抢先设立那些当年对于中国人来说还十分陌生的高新学科。这一条路并不好走，那是一个一切唯苏联是从的教条时代。蒋南翔初到清华，曾聘请近30位苏联专家，除一人

做校长顾问，其余分配各系，讲授新科技课程。他曾赞同学习苏联，但到清华第三个月他便开始在各种会议上强调学习苏联过程中必须克服形式主义倾向，强调"制订教学大纲要体现国家的需要，是中国化的大纲，不是苏联的大纲"。

苏联专家提出清华不应该办无线电系，理由是苏联地方高校不办无线电系，蒋南翔坚决反对，他以极大的勇气和坚持极力说服了苏联专家组组长。1955年，他又不顾苏联专家反对，向国家领导人周恩来、陈毅以及教育部提出，清华应该创办一批原子能专业，再陆续设立几个应用理科专业，比如核物理和金属物理，为此，他亲自组团，去苏联考察。

在蒋南翔的领导下，从1956年到1958年，清华还创办了自动化、材料科学等高技术学科，这些学科到1962年基本建成。虽然经历了苏联专家撤走和三年严重自然灾害困难时期的种种艰辛，但蒋南翔依靠一支平均年龄只有23岁的青年师生队伍，在1964年国庆节建成了中国第一座全部由国内设计建造运行的实验原子反应堆，为国家填补了空白。

1958年"大跃进"，全国各个领域都在"放卫星"和"大批判"，蒋南翔也一度跟着大炼钢铁，但却把其浮躁之风通通挡在了门外，他反复强调说当别人头脑发热时，我们要冷一些，当别人发冷时我们要热一些。就在这一年，在老师带动下，水利系学生承担起密云水库的设计任务，蒋南翔热情地支持他们，他生动地把这种方式称为"真刀真枪做毕业设计"。那时像密云水库这样的设计，苏联专家认为只有权威才能承担，但蒋南翔硬是让学生们完成了重任，从那时开始，真刀真枪做毕业设计成了清华传统。

蒋南翔非常有创造性地提出了选拔高年级的学生做政治辅导员的制度，让他们延长一年毕业，在学习上不受损失，又在政治上得到更多的锻炼，将来成为国家各方面建设的骨干，既能做业务工作，又能做政治工作。蒋南翔有一句名言就是"年轻时候做一点政治工作，终身受用无穷"。他当时曾讲过，将来有没有可能在我们的辅导员队伍中间，出一些省委书记、省长，还有副总理。现在看来他

的设想是达到了。有一次，北京大学校长吴树青问后来担任清华大学校长的张孝文，为什么清华的毕业生后来做省部级干部的那么多，张孝文回答，蒋南翔非常重视学生参加社会工作，培养他们为社会服务的意识和能力，鼓励他们到基层去做一名服务于国家的劳动者，并争取早日加入共产党，这是重要原因。

1979年，邓小平提名蒋南翔做教育部部长，他随即发表《教育上不去，四化将落空》的演讲，强调要落实知识分子政策，一是政治信任，二是经济保障，三是提高工作和生活条件。1982年，蒋南翔离开教育部，担任中共中央党校第一副校长，他仿佛知道了自己时日不多，开始全天奋斗，中午在就近的食堂打一点极为简单的饭菜。1986年元旦，蒋南翔突发大面积心肌梗死，住进北京医院。11月底，他微笑着说，"过了严冬，渴望出院。"但实际上他在医院进进出出，几乎在那里度过了最后的岁月。在生命的最后，蒋南翔拿出1945年的那份反对"左"倾运动的万言书要求发表，但他同时叮嘱前来诀别的老部下要坚持共产主义。

1988年5月3日下午，蒋南翔病逝，享年75岁。

人文精神

一沙一世界，一花一大堂。

清华名言，有的不过数字，对人的启迪却胜过千字文章；有的则如同一粒粒晶莹剔透的珍珠，折射出清华人傲人的风骨和不俗的见识。

名师名言

未来的世界：方向比努力重要，能力比知识重要，健康比成绩重要，生活比文凭重要，情商比智商重要！

——清华大学校长顾秉林送给毕业生的五句话。

所谓君子人者，非清华学子，行将焉属？虽然君子之德风，小人之德草，今日之清华学子，将来即为社会之表率，语、默、作、止，皆为国民所仿效，设或不慎，坏习惯之传行，急如暴雨，则大事偾矣。深愿及此时机，崇德修学，勉为真君子，异日出膺大任，足以挽既倒之狂澜，作中流之砥柱，则民国幸甚矣！

——1914年11月10日，梁启超先生在清华发表以《君子》为题的演说。

诗人主要的天赋是爱，爱他的祖国，爱他的人民……

——闻一多教授的著名诗句。

看得远，想得开，把得稳，自己是世界的一环，别脱了节才真算好……随时随地尽自己的一份儿往最好里做去。

——朱自清先生在1942年的著作《论自己》中如是说。

回国不需要理由，不回国倒需要说说理由。

——1947年底，在英国留学9年的彭桓武回到祖国，励精图治，成为新中国核事业的奠基者。

我愿以身许国！

——1961年4月1日，从苏联回国不久的王淦昌精神抖擞地来到主管原子能工业的第二机械工业部办公大楼，副部长刘杰向他转达了党中央请他参加领导研制原子弹工作的决定，王淦昌没有犹豫，当即回答："我愿以身许国！"从此他隐姓埋名"失踪"了17年。这掷地有声的回答是清华人对祖国、对人民无比忠诚的最好表达。

假如生命终结之后能够再生，那么，我仍选择中国，选择核事业。

——邓稼先是中国核武器事业的开拓者和奠基人，他将自己的智慧、个人幸福以及生命，毫无保留地献给了中国的国防事业。1986年他患癌症住院，国防科工委的同志探视他时说："我们国防科工委的同志们都很敬重你，想听听你的人生箴言。"上面那番话就是他的回答。

所谓大学者，非谓有大楼之谓也，有大师之谓也。

——梅贻琦，清华任期最长的校长，被誉为"终身校长"。在他任清华校长的17年里，清华大学得到长足发展。

你们进入大学要学知识，要提高能力。就像一个人要穿过原始森林，重要的不仅是给他一袋干粮，更应给他一支猎枪，因为干粮吃光了，不会再有；而用猎枪，可以不断地获得新的食物。

——蒋南翔，1952年至1966年担任清华校长。

没有自然科学的民族，绝不能在现代立得住脚。

——叶企孙，杨振宁、李政道等多位国际知名学者的老师；23位"两弹一星"功勋奖章获得者中，半数以上是他的学生；创建了清华大学物理系，并培养出50多位院士……

从我做起，从现在做起。

——清华大学化七二班同学胸怀四个现代化，奋发学习，面貌大变，成为全校先进班集体，提出的行动口号在全校引起强烈反响，并上了《中国青年报》1980年3月20日头版头条。

清华精神

"在林林总总的大学中，几乎每一所大学都能非常明确地告诉你：它具有什么样的办学理念、特色和成绩，但只有一部分的大学有自己独特的'精神'。这种大学精神是难以言说的，但又是具体可触的。它能将具有不同思想、文化、专业背景的知识分子凝聚在一个目标下，在大学遭遇艰难曲折时升华为一种顽强的亲和力和奋斗力。在这样的大学受过教育的人，会长久地怀念它。"这是清华教授徐葆耕对于大学精神的看法。

纵览清华校史，我们一次次见识了这种顽强的亲和力和奋斗力，一次次惊叹、一次次感动，仿佛在看一个小男孩是如何成长为伟男子的——从初生牛犊不怕虎的小小少年，到力能扛鼎、成熟伟岸的思想巨人，一次次改革、一次次挫败、又一次次奋起直追，一股郁于胸中、坚如镔铁的精神意志逐渐练就，稳固清华于百年风云变幻之中，励精图治，终于成为今日之清华。用一个词来概括，那就是清华精神，这种精神具体表现在以下四个方面：

第一是耻不如人。这种耻不如人包括两个方面，新中国成立前，耻的是国家疲弱、屡遭外欺；新中国成立后，耻的则是科技落后、技不如人。

清华是个"赔款学校"，是美国用中国庚子赔款退还款建立的，美国政府的本意是在中国知识分子当中培养一批"追随美国的精神领袖"，而学校偏又建在了被英法联军洗劫过的清华园和近春园。学生整天面对着被焚毁的断壁残垣，民族耻辱时时袭上心头。当时在学的吴宓曾有"热肠频洒伤时泪，妙手难施救国方"之叹。五四时北大高举科学与民主大旗，而清华可称道的是闻一多贴出的岳飞《满江红》，主题还是雪耻。清华是留美预备学校，学生受着美国式的教育，而在出洋后却非常敏感于西方人对黄种人的歧视（可参阅吴宓、朱自清、闻一多的日记与书信），他们远较其他大学的学生蕴积着更深重的对于民族耻辱的痛感；改成大学后，如何摆脱美国的控制实现学术独立便成为清华建设的主题，而其深处的情感动因仍是雪耻。到了20世纪30年代，民族矛盾激化，梅贻琦任校长第一次讲话没讲学术自由却讲了莫忘国难，到了1935年一二·九运动时，清华已成为抗日救亡的中心堡垒。

新中国成立以后，中国的主要任务是发展经济，让人民生活得更幸福。此时，清华的任务主要是发展科技、培养人才。但在"文革"中，清华大学的许多老教授遭到不公平待遇，教学一度受到影响，甚至中断。眼看中国在科技上

日益落后居然还在批"崇洋媚外",一位原来的领导人痛心地说:"什么崇洋媚外?!连洋人屁股都看不见了!""文革"后,这种耻辱感重新化为办世界一流大学的强大动力。因此,"明耻"是清华精神的重要表征:耻中国科技与文明不如西方发达国家;耻清华不如西方的一流大学;耻清华某些方面不如国内兄弟院校;耻本学科水准不如校内先进学科;耻个人学习或科研不如其他同班同学或教研室出国人员。这些"耻"促使清华拥有中国最多的两院院士,建设了诸多中国第一学科,占据了互联网的半壁江山,成为中国最强的理工科乃至综合性大学。"知耻而后勇",当为是也。

第二是重视实干。成绩是做出来的,不是说出来的。

朱自清先生曾说过"清华的精神是实干"。直到现在,在校园的中心位置还竖立着一块碑,上书"行胜于言"。新中国成立后,清华被改造成为一所以工科为主的大学,工科的操作型特点进一步加强了清华的"实干"。除了在科研上重视实际操作,学校从行政管理、培养计划、科研战略到校园管理也都是如此。

与早期国内其他大学相比,清华尤其重视以实证为基础的实干,讲求身体力行,最忌放空炮、讲大话,即使是文科也是如此。这种传统在老学长治学的经历中十分典型。费孝通以"不入虎穴,焉得虎子"的精神,与新婚妻子王同惠到大瑶山考察,掌握了大量第一手材料,写出了《江村经济》、《乡土中国》等社会学的传世之作,也为此付出了沉重的代价,在返途中他误入瑶人设的"虎阱",王同惠找人救援时堕入山涧,献出了年轻的生命。

清华实干的传统很适合发展操作性强的工科,反过来工科也加强了清华的实干风格,这种实干风格造就了清华学生平和但却扎实上进的心态。从清华走出去的一届届毕业生,无论在什么岗位上,都是凭实干精神从基层干起。在"神舟五号"清华群英中有9位总指挥、副总指挥或院长,都是出色的实干家。其中1986届毕业生,39岁出任中国运载火箭技术研究院院长的吴燕生,就是从普通设计员做起的。他认定了一个道理,一个人只有把一件事情做好,才能被安排做第二件事情;只有做好每件小事,才能成就大事。

第三是重视科学精神。

清华在"科学与玄学"论战之后，科学优势上扬。清华国学院一建立，主任吴宓就宣称本院与其他大学不同处在于重视"科学方法"（参见吴宓在国学院开学日的讲话），四大导师梁启超、王国维、陈寅恪、赵元任及吴宓、李济的研究成果证明此言不虚。梅贻琦到任后，办校重自由，更重"科学家的眼光和态度"，强调理性和纪律，主张一切以事实为出发点。其原因除上面提到的社会因素外，还同梅贻琦在美受的理工科教育有关。这种科学精神不仅贯彻于理工科建设而且旁及人文学科。冯友兰说清华文科的共同风格是追求"所以然"、"比较有科学精神"。新中国成立后，清华校长明确提出继承和发扬严谨、科学的传统，并且在广度和深度上大大超越从前。蒋南翔在1958年"大跃进"和后来的"文革"中多次坚持实事求是，表现出非凡的勇气，对清华的干部、教师队伍有深刻的影响，对发展清华的科学传统起到了不可估量的作用。

第四是重视团队精神。

在这个崇尚个性的年代，讲究特立独行、张扬外向，但是，没有团结合作

就没有今日之清华。

清华历史上，一次次爱国学生运动，西南联大艰苦卓绝的奋斗，甚至勇夺金牌的文体活动都塑造了清华重视合作的团队精神。曾任团中央书记处常务书记的杨岳校友说："清华告诉我们'一根筷子和一捆筷子'的道理，绝不能成为孤家寡人，要学会团结大家一起干，团结才能成就大事业。"蒋南翔校长曾对应届毕业生说："我们的事业，是集体主义的事业，任何工作都要靠同志们的团结和密切合作。骄傲自满，就会妨碍这种团结和合作。我们的同学热爱清华，这是好的。但是不要有优越感而盛气凌人。"这种精神也培养了清华学生随和易相处的处事作风，对清华学生的日后工作提供了极大的便利，且赢得了极佳的口碑。

随着现代科学的发展，重大科研问题的解决越发需要合作。现代科技史上的众多突破，无一不是由科研小组共同完成的。清华黄克智院士一直强调"要群芳争艳，不要一枝独秀"。在他的带领下，清华固体力学学科点成长为一支团结向上的梯队，迅速达到了国际先进水平，获得国家级高水平博士规模培养

和学科建设特等奖，连续两次获国家自然科学基金创新群体奖励和自然科学二等奖、三等奖等多项奖励，全国百篇优秀博士论文中力学学科有12篇，其中他们的占了一半。可以说，没有团队精神就没有今日之清华。

清华传统

传统是历史的结晶。巨大的成就和悠久的历史，二者缺一不可。没有成就，传统就不成其为传统，仅仅是习俗或习惯；没有漫长历史的考验，一时的成就很可能仅仅是昙花一现，而不能内化为持久的品质。

传统看不见，摸不着，很"形而上"，但它却无处不在、无时不在，它在历史教科书上、在我们精神意志里潜伏着，一旦爆发危机、遭遇苦难，它就被激发出来，把小到一个家庭、大到一个国家的人们在很短的时间内聚集起来，以无声的命令使人们以同样的方式为一个目标而努力。这样一来，多大的困难都能克服。这就是传统的力量。

清华是有这样的传统的。

在清华百年的历史中，一直有一股不服输、不输人的精气神，凭借着这股精气神，它会在吃着官饷的时候居安思危，开始了创办清华大学的尝试；凭借着这股精气神，它能够由一所偶像派学校华丽转身成为一所实力派大学；正是凭借着这股精气神，它能在元气大伤的情况下，依然不屈不挠，为争办一流大学而努力。同时，它还有一股气度、一种品格，这就是家国为大。正是这种气度品格，使清华不仅令世人瞩目，更令人佩服和尊敬。

君子之风，高山流水；水木清芬，颂我清华。

自强不息

灾难所激发起来的自强不息的精神，贯穿于整个清华历史。在清华，自强不息不仅仅是某个人或某些人的个体行为，而是一种"普遍现象"、"集体行动"。在抗日战争中，生活艰苦，大学教授过的日子也不过是"饭里满是沙，肉是臭的，蔬菜大半是奇奇怪怪的树根草叶一类的东西，一桌8个人共吃4个荷包蛋，而且不是每天都有的"，经费、图书、设施极度短缺，学生住房简陋，且拥挤不堪，除了生活艰苦，头上还有敌机的不断轰炸，但艰难条件下

依然弦歌不辍，无论是教学还是学术都创造了史诗般的辉煌。这个时期的学生中共有92人，后来担任中国科学院、工程院院士，杨振宁、李振道2人还获得诺贝尔奖，闻一多的《〈诗经〉研究》，华罗庚的《堆垒素数论》都是在这一时期诞生的……

在灾难面前，清华人会团结一致绝不低头；在治学研究中，师生们也从不满足、力求完美。按照20世纪30年代清华的规定，教授们在校工作5年，就有一年的学术休假，由学校资助去外国访问进修。著名散文作家朱自清任清华大学中文系教授，于1931年利用学术休假，在英国伦敦皇家学院和伦敦大学注册旁听。据《朱自清日记》于该年10月记述，他有两次夜梦清华未能继续聘他为教授，理由是他在外国文学的学养上尚有不足。梦醒，全身冷汗，深感不发聘书颇有道理，于是他更加努力利用在伦敦的一切便利条件来提高自己。他在1942年的著作《论自己》中说："看得远，想得开，把得稳，自己是世界的一环，别脱了节才真算好……

随时随地尽自己的一份儿往最好里做去。"后来在病重时体重不到39公斤的境况下，他仍然坚持讲学、坚持读书，还制订了"每天轮流看一本英文书和中文书，利用休息时间读诗"的计划，真正做到了生命不息，耕耘不止。正是由于这种精神，他的学问受到广泛的赞誉。

吴良镛院士在《与研究生谈治学》一文中讲的第一条就是要高标准要求，强调"取法乎上，仅得乎中"。许多新人初到清华工作时，也常常受到这种追求卓越的精神力量的推动。一位新调来的教授曾说，与清华人接触，第一个感觉就是老师、学生心气都很高。大家都以世界一流的名校作为参照，做起事来便给自己加了压力，也因此特别能吃苦耐劳。

家国为大

清华诞生时是一所利用美国退还"庚款"建立的留美预备学校，清华师生将清华学堂看做"国耻纪念碑"。在五四运动中，清华国耻纪念会曾立下"清华学生从今以后愿牺牲生命保护中华民国人民土地主权"的誓词。1931年九一八事件后，中国面临民族危亡，老

校长梅贻琦在当年12月就职演讲中要求清华师生"紧紧记住国家这种危急的情势，刻刻不忘了救国的重责，各人在自己的地位上，尽自己的力"。正是这种对国家的责任感成为清华崛起的重要精神动力。

在伟大的中国人民抗日救国斗争中，众多清华师生，前赴后继，甚至不惜献出自己宝贵的生命。在清华北岸山坡上耸立着"祖国儿女，清华英烈"碑，以纪念51名为国捐躯的清华英烈。这些先烈许多都是在抗战中牺牲的：

1932届毕业生刘崇海在上海吴淞口驾机撞向日本海军旗舰，壮烈殉国。

法学院学生张甲洲带领东北籍同学打回东北老家，举起了"东北人民抗日义勇军"的大旗，担任总指挥。后出任中国工农红军第三十六军江北独立师师长。他实践了"抗战之时不知有家，临战之时不知有身，金钱地位不动心，飞机大炮不怕死"的誓言，在前线英勇牺牲。

梅贻琦动员征调1944届男生前往担任翻译。除体检不合格者外，1944届男生全部踊跃参加，自己的长子和女儿也参加了。战后有10人获得了铜质自由勋

章(Medal of Freedom，Bronze Palm)。

还有许多师生以自己的知识为武器投入这场全民抗战，如理学院院长叶企孙，先是让他的助教熊大缜带领几个学生去冀中根据地，组建技术研究社研制炸药、地雷、炮弹等，继而又让化学系毕业生汪德熙化装成牧师辗转到冀中，帮助解决了安全生产问题。这些炸药、地雷在令日寇胆战心惊的"地雷战"中发挥了关键性的作用。叶企孙还在天津租界亲自带领师生研制无线电收发报机，让物理系管理员阎裕昌主持爆破研究。后来熊大缜在冀中军区担任了供给部长，负责研制、生产地雷、控制器等武器。

新中国成立以后，更多的清华人以自己的所学投入国家建设中去，以为国尽力作为内心价值感的最大来源。邓稼先1941年考入西南联大，后赴美深造，1950年8月，邓在美国获得博士学位9天后便毅然回国参加原子核理论的研究。后来他参加"国家的大炮仗"研制，对妻子说："往后家里的事我就不能管了，我的生命就献给未来的工作了，做好了这件事，我这一生过得就很有意义，就是为它死了也值得！"邓稼

先为此拼命工作，多次昏倒在试验场。因受到强辐射患癌症扩散，临终前留下的话是："不要让人家把我们落得太远……"

王淦昌是1929年清华大学物理系第一届大学本科毕业生。1961年4月，当领导问他是否愿意参加原子弹研制时，他回答："我愿以身许国。"友人知道他在20世纪50年代末曾领导杜布纳高能物理实验组发现了"反西格马负超子"，惋惜地说："王淦昌如果继续在原来的科研领域工作，有可能叩开诺贝尔奖的大门。"对此，王淦昌则认为"国家的利益高于一切，国家强盛才是我真正的追求"。

物理系1935届校友彭桓武也是"两弹一星"元勋。彭桓武曾在英国爱丁堡大学师从诺贝尔物理学奖获得者玻恩教授，当选为爱尔兰皇家科学院院士。1947年他毅然回到了战火纷飞的祖国。他中断的研究工作中有两项由继任的研究者攻克，获得了诺贝尔奖。当有人问他当年为什么要回国时，他不假思索地回答："回国不需要理由，不回国倒需要说说理由。"

随着改革开放、商品经济时代的

到来，中国传统价值观式微，可是在清华，"齐家治国平天下"的传统思想却还有一席之地。2010年6月16日，《人民日报》头版发表了温家宝总理就清华新闻与传播学院学生李强的农村调查报告《乡村八记》给范敬宜院长的信函，指出"一位二年级的大学生如此关心农村，实属难得。从事新闻事业，我以为最重要的是要有责任心，而责任心之来源在于对国家和人民深切的了解和深深的热爱。只有这样，才能真正做到用心观察、用心思考、用心讲话、用心作文章"。李强自己的体会是："在清华有一种关注国情的传统，无论课上还是课下，甚至BBS上，教室的宣传栏上，随

处都可以见到有关中国国情的探讨，这使我深刻地体会到清华的氛围对于塑造一个学生有多么大的作用。"

许多毕业生争先恐后地到社会主义建设的主战场去建功立业。航天航空学院学生谷振丰，本科4年学习成绩一直居全班第一，在高年级时还担任政治辅导员，因品学兼优获得学校最高级别的"特等奖学金"。毕业时他毅然选择酒泉卫星发射中心，"选择了荒凉的大漠和神圣的航天事业"。他说："对于当代大学生来说，应该有抱负，要担当重任，这是清华教会我的。"

清华标志

校名题字

　　1950年 6 月，日理万机的毛主席应清华师生员工的请求，欣然挥毫，一连写了6个力透纸背的"清华大学"。作为一代书法大家的他，还在旁边谦虚地注明：右下草书似较好些。从此，由毛主席题写的校名就一直伴随着清华师生。

校训：自强不息　厚德载物

　　1914年梁启超先生到清华以《君子》为题作演讲，以《周易》"乾"、"坤"二卦"天行健，君子以自强不息"，"地势坤，君子以厚德载物"为中心内容激励清华学子发愤图强。此后，学校即将此8字尊为校训，制定校徽。1917年修建大礼堂即以巨徽嵌于正额，以壮观瞻。

校风：行胜于言

　　该4字来源于1920级毕业纪念物——位于大礼堂前草坪南端的日晷上的铭言。

清华精神：独立之精神，自由之思想

　　起源：清华国学研究院导师王国维先生去世两周年，研究院师生在二校门北边小山下设立纪念碑，陈寅恪先生撰写碑文，这是最广为流传的一句，化作了一代代清华学人的精神风骨。

学风：严谨 勤奋 求实 创新

校庆日

每年4月最后一个星期天为清华校庆日。

在校庆日当天，逢毕业10周年的年级，学校会统一组织该年级的校友返校。每年的这一天，是清华最热闹的时候，年轻的在校生，毕业10周年、20周年的年轻一代，毕业30年、40年，甚至50年的老一辈，同聚校园，这时候，紫荆花也满园开放，整个清华园洋溢在一片节日的气氛中。

校歌

中华民国十二年，1923年前后，学校公开征集校歌。当时在清华教授国文与哲学课的汪鸾翔先生（字巩安，汪健君先生的尊翁）以其佳作《西山苍苍》应征，经校外名人审订膺选，又经本校英文文案处主任何林先生的夫人张丽真女士配曲，赵元任编合唱，于是成为隽永流传、深受历代师生欢迎的佳作。

歌词共有三段：

（一）
西山苍苍，东海茫茫，吾校庄严，巍然中央。
东西文化，荟萃一堂，大同爰跻，祖国以光。
莘莘学子来远方，莘莘学子来远方，
春风化雨乐未央，行健不息须自强。
自强，自强，行健不息须自强！
自强，自强，行健不息须自强！

（二）
左图右史，邺架巍巍，致知穷理，学古探微。
新旧合冶，殊途同归，肴核仁义，闻道日肥。
服膺守善心无违，服膺守善心无违，

海能就下众水归，学问笃实生光辉。
光辉，光辉，学问笃实生光辉！
光辉，光辉，学问笃实生光辉！

（三）
器识为先，文艺其从，立德立言，无问西东。
孰介绍是，吾校之功，同仁一视，泱泱大风。
水木清华众秀钟，水木清华众秀钟，
万悃如一矢以忠，赫赫吾校名无穷。
无穷，无穷，赫赫吾校名无穷！
无穷，无穷，赫赫吾校名无穷！

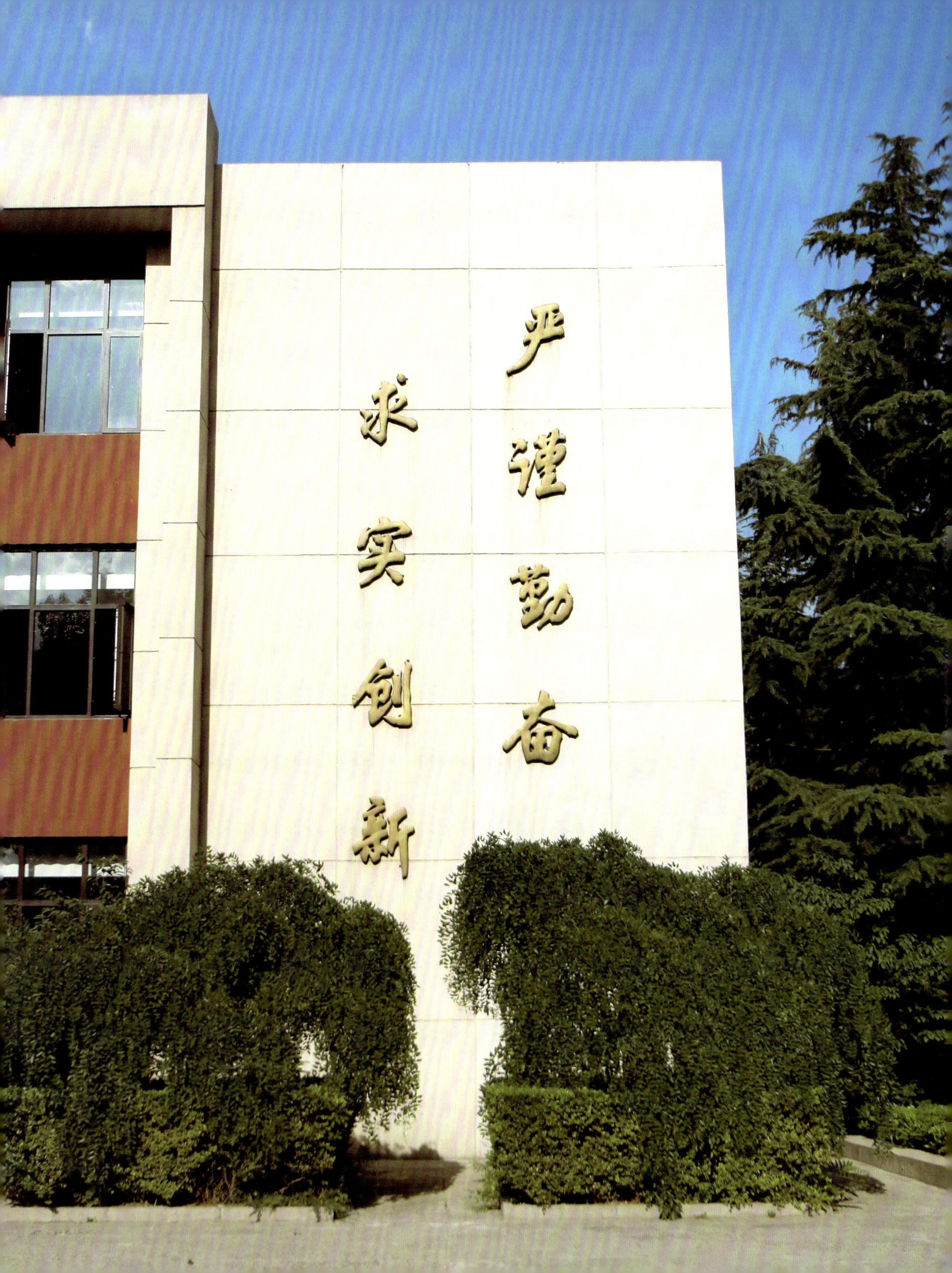
严谨勤奋
求实创新

校色

校花

清华大学的校花是紫荆花和丁香花，但通常仅指紫荆花，这是由于紫荆花与校旗、校色的颜色一致，其次是由于紫荆花在校庆日前后盛开。

校徽校标

校旗

1949年，清华校旗为等腰三角形，紫白二色参半，上面印有中英文校名。学校也曾把白色的"自强不息"校徽印制在紫色的质地上作为校旗，在校庆时悬挂。现在校旗上，也有印有钟形校徽图案。现在校旗为长方形，中间印有"清华大学"4个大字，校旗的颜色多为白底红字、紫底白字等。

第二章

清华园

这是一首诗歌，这是一首曲乐，辞藻清丽，韵律和谐。

诗歌里面有婉转的爱情故事，有淡如水的君子之交，有小心的求证、严谨的推理，还有点缀着那段沉重历史的文人趣事。梁思成、林徽因夫妇与金岳霖之间的坦诚信任，陈寅恪与吴宓的生死之交，藤影荷声之馆里的笑声，讨论声似乎还回荡在清华园的上空；华罗庚刚刚完成《堆垒素数论》的最后一个证明，神情凝重，曹禺摊开纸，郑重地写下了《雷雨》开篇的第一个字，至今滋润着清华的学子……

月光如霜，打在清华园上。听，是谁在歌唱，是谁在低吟，是谁在低泣？

历史在悲泣，有良知的中国人的鲜血在沸腾，美丽的近春园诉说着烈火焚身的痛苦，庄严的三一八断碑亦在发出低沉的警示……

昔日皇家苑，今日清华园。

近春園遺址

如画园林

清华园

　　"清华园"一词，现在泛指清华校园，原来则专指清康熙年间所建的熙春园的东半部分。道光年间，熙春园被分成东西两个园子，西边的园子起名为"近春园"（即现在的近春园遗址公园）；东边的园子在咸丰登基之后改为"清华园"。清华园初建时有两道宫门，大宫门在停车场一带，二宫门即今天的工字厅大门，正额悬有咸丰皇帝亲书的那块匾额。1910年，美国用庚子赔款建造的"清华学堂"，即位于清华园内，在此基础上不断扩建发展形成了今天的清华大学。

近春园遗址公园

　　近春园前身是康熙年间所建的熙春园的中心地带。道光年间，熙春园被分成东西两部分，西边近春园的建筑又作了些调整。咸丰十年英法联军侵入北京，火烧圆明园，近春园遭到严重破坏，沦为"荒岛"，前后达百余年。1927年仲夏，住在附近的朱自清教授感于世事，霄夜走到这一带湖边散步，遂成一绝代佳文——《荷塘月色》。1979年以后，学校决定彻底改造荒岛，包括晗亭、吴晗塑像，还有假山、瀑布、草坪、鱼池。仿建原有同名建筑"临猗榭"一座，歇山起脊，金线苏彩，是园内唯一象征性的旧物恢复。

水木清华

　　"水木清华"是清华园内最引人入胜的一处胜景。地处工字厅后门外，校友们常把它同颐和园内的谐趣园相比，称之为"园中之园"。

　　水木清华一带景色的设计别具匠心。四时变幻的林山，环拢着一泓秀水，山林之间掩映着两座玲珑典雅的古亭，本为工字厅的后厦，一变而为"水木清华"景区的正廊，正额"水木清华"四字，庄美挺秀，有记载说是康熙皇帝的御笔（待考）。"水木清华"四字，则出自晋人谢混诗："惠风荡繁囿，白云屯曾阿。景昃鸣禽集，水木湛清华。"正中朱柱上悬有清道光进士，咸、同、光三代礼部侍郎殷兆镛撰书的名联："槛外山光历春夏秋冬万千变幻都非凡境，窗中云影任东西南北去来澹荡洵是仙居。"

　　十年动乱期间，水木清华区曾遭到残暴的破坏，楹联、横匾都被当成"四旧"而取缔，门廊用青砖砌死，景色一片荒凉。拨乱反正以后，学校花了很大人力物力尽量恢复旧观，但许多景物已无法挽回。例如殷兆镛亲书的楹联，已遍寻不见，可能已化为灰烬。现在悬挂的这副，是今人根据校史组所藏的一些零散照片摹写制成的。

经典建筑

二校门

二校门是清华的象征性建筑物，乳白色的石门流露出清丽庄严之美。石门上端"清华园"三字出自时任军机大臣、中堂那桐之手。

二校门是不可忽视的重要校园历史坐标点。二校门始建于1909年，属古典西洋砖石结构，巴洛克风格，是清华大学最早的学校大门。二校门原为封闭式建筑，两侧有短墙连接东边的邮局和西边的守卫处。当年清华学堂门纪严格，中等科低年级学生未经批准不得出校门。1933年学校扩大，修建了新的校门即现清华西校门，人们便将原来的大门称为二校门。20世纪50年代曾把大门两侧的短墙拆除，只留中央主体部分，校门庄重肃美如故。而十年动乱它却未能逃过劫难，被红卫兵彻底砸烂。

20世纪90年代，在校友的积极倡议与集资筹备下，学校依据原始图片重建了二校门，由当年目睹它被砸烂的高冀生先生主持修建。现在的二校门已经成为新时代清华的标志性景观，

同为台湾"清华大学"和北京清华大学的标志。许多校友回到清华都会来此拍照留念，以寄托对母校的思念之情。

工字厅

原名工字殿，原为清朝皇室园林建筑，现用于校行政办公。工字厅是清华园的主体建筑。因其前后两大殿中间以短廊相接，俯视恰似一工字，故得名。

工字厅共有房屋100余间，总建筑面积约2750平方米，院内回廊曲折，勾连成一座座独立的小套院，形成这组建筑的主要特色。厅北有白玉露台，面临荷池、遥对小丘，廊上悬有"水木清华"横额。池面不大，作东西延伸。北

岸及西岸以土山为屏，山上松柏苍郁，一片水清木华景色。山之北便是万泉河，河水可灌入池中。早年有学者说这就是《红楼梦》里的"大观园"原址，现在看来，固然根据不大，但也足以说明这所庭院当年的盛貌。建校后，它是"学务处"所在地，所以又被一些外籍教员称为"yamen"(衙门)。学务处撤销后便成为学校文化娱乐和重要交往的中心。1924年，印度大诗人泰戈尔访华时，就曾在这里下榻。其他各个小院的房屋，则多为教师宿舍，他们当中不乏诗文之士，因而常常给自己的住屋起一些雅号，如"三省庐"、"藤影荷声之馆"等等。

与工字厅后厅以"三步廊"相接有一所精雅的小客厅，俗称"西客厅"或"西花厅"。初建时也是一所书房，自领一小院，院内紫藤罥架，槛外红莲映窗，是工字厅大院内最幽美的所在。1914年秋，梁启超曾在这里"赁馆著书"，起名"还读轩"。从1925年起，著名文学家兼诗人吴宓(字雨僧)曾在这里"奠居"，取名为"藤影荷声之馆"，并请黄节(晦闻)教授题字精裱悬于厅内，这里便成为校内外文人聚会论诗明志的地方，四大导师、冯友兰、金岳霖还有后来的季羡林，都是这里的常客，实为一中国特色的文化沙龙，俞平伯曾有诗记曰：

明灯促膝坐移时，

为惜兰言酒不辞。

偶忆廿年尘梦浅，

藤阴摊卷日初迟。

古月堂

工字厅西院一巷之隔，有一处独立的小庭院，称"古月堂"。因"古人不见今时月，今月曾经照古人"而得名。它正面的垂花门至今尚保存完好。初建时是园主的专用书房，建校后划为国文教师的住宅，在这批国文教师里不乏鸿儒硕彦和文人居士，梁启超、朱自清等都曾在这里居住，后来被辟为女生宿舍，被清华男生称作"狐堂"（古月为"胡"，"胡""狐"谐音）。曾有许多趣话流传，后人有诗记曰：

古月堂前几变更，昔年济济聚群英。
一从女禁开黉舍，两度繁花共月明。

清华学堂

清华校园的标志性建筑之一——清华学堂。此楼为德国古典风格，青砖红瓦，坡顶陡起，清华学堂大楼被称为"一院"或"一院大楼"。

清华学堂大楼西部建成后成为高等科学生的教室，东部建成后曾是高等科毕业班的学生宿舍，所以历史上也称"高等科"。高等科宿舍的设施相当华丽舒适，有打蜡地板，双层拉窗。1923年毕业于清华学校的梁实秋先生回忆："这一部分的宿舍有较好的设备，床是钢丝的，屋里有暖气炉，厕所里面有淋浴有抽水马桶。"1925年起，学校在这里开设"国学研究院"，著名的四大导师——梁启超、王国维、陈寅恪、赵元任，在这里会聚，培养了整整一代国学研究家，除中国通史在同方部外，其余课程均在清华学堂117号教室讲授。20世纪50年代以后，梁思成为主任的清华建筑系迁入此楼，清华学堂大楼成为建筑系专用系馆。

清华学堂作为早期清华的象征，始终保持着她那特有的历史魅力，留在了

一代代清华学子的心中。

西区体育馆

清华西区体育馆（简称"西体"），清华早期四大建筑之一，有着极丰富的历史和文化价值，是历代校友最向往和怀念的对象之一。

体育馆前馆建于1916年至1919年，外表采用西方古典形式，馆前有陶立克式花岗岩柱廊。后馆建于1931年至1932年，与前馆巧妙相接，浑然一体。总建筑面积约4000平方米。

体育馆初建时，称"罗斯福纪念馆"，馆外廊柱内还曾嵌有"老罗斯福"的头像和纪念碑文。解放以后，被作为国耻的残迹彻底除去。前馆建成后，曾是国内最先进的健身房，即在当时美国高等院校中亦不多见，馆内有篮球场、80码悬空跑道，各种运动器械应有尽有，还有暖气、热气干燥设备。附有室内游泳池，池水水源消毒，异常清洁。解放

初期，毛泽东主席曾到这里来游泳。

抗战期间，体育馆也遭到浩劫，后馆被敌人改成大伙房，前馆被当成马厩，馆内特制地板全部毁坏。复原后，因财力不足一直未恢复旧观，直到解放以后经大力修复，才恢复了原来的面目。

大礼堂

坐落在校园西区的中心地带，清华早期四大建筑之一。它是一座罗马式与希腊式的混合建筑，圆顶铜门，门前4根汉白玉石柱。外表虽未加任何雕琢，但巍峨雄姿弥显。大礼堂始建于1917年9月，建成于1920年3月，在当时的所有国内高等学校中，是最大的礼堂兼讲堂，可容纳全校一切人员聚会。在清华的历史上，大礼堂算得上是一位"老革命"了：反帝爱国运动那令人血脉贲张的战前动员，胜利凯歌的演唱……大礼堂给后人留下了无数热血沸腾的故事。

同方部

"同方"两字源于《礼记·儒行》中："儒有合志同方，营道同术，并立则乐，相下不厌。"同方部寓意"志同道合者相聚的地方"。同方部南侧，翠竹丛丛、灌木茂盛，隔开了它和清华学堂。同方部初建时做礼堂用，鲁迅逝世时，师生就在此举行了追悼会，还在很长一段时间里的8月27日作为祭祀孔子的场所。1923年学校成立"德育指导部"，遂改名为"同方部"（Social center），作为课外训育的地方。现为清华校友总会所在地。

科学馆

清华早期四大建筑之一。1929年理学院成立于此，以后便很快发展成为国内先进的物理、化学教育和实验基地之一。我国著名物理学家叶企孙（理学院院长，人称"科学馆主"）、吴有训、萨本栋、周培源等都曾在这里讲学，并培养出如钱三强、王竹溪、钱伟长、林家翘这样一批杰出的物理学家，共走出了80多位院士。十年动乱期间科学馆被纵火焚毁。后来在多方努力下清华逐渐恢复了理

学研究，为我国改革开放后的科技发展储备了大批人才。

图书馆

清华大学图书馆系统包括总馆和人文、经管、法律、建筑、美术、医学6个专业分馆，总面积超过39000平方米。始建于1919年，于1931年、1991年两次扩建，抗战期间沦为日军伤兵医院，其中的图书馆旧馆是清华四大建筑之一，新馆大门外墙壁上嵌有"逸夫馆"字样。

近一个世纪以来，图书馆幽雅的环境、丰富的藏书，为师生提供了良好的学习场所。钱钟书立誓"扫平"的就是旧馆，《雷雨》也在这里诞生。

目前馆藏总量已经超过400万册（件），约30万册中外文古籍善本和甲骨、青铜器、玉器、瓷器及古代名人字画等文物成为馆藏中的珍品。图书馆每天24小时不间断地提供网络信息服务，学校师生可以在办公室、实验室、宿舍自由访问各种数据库资源或自行预约和续借图书，也可以在放假或出差期间从校外访问图书馆的电子资源。

气象台

今天所看到的天文台的前身是建成于1931年的国立清华大学气象台。当时在这座气象台的周围还专门辟出了"气象园"，气象设备在当时都是世界一流的。抗日战争时期，气象台被日寇作为豢养军马、军犬的场所。1946年，清华大学迁回清华园原址复校，气象台在废墟中重建；1948年12月13日晚，校园内冲进不少国民党的军队，一个炮兵营长带两名士兵来到气象台，要求在台顶上架设大炮，准备轰击解放军。时任系主任李宪之教授得知后从家中赶到气象台，他不畏强暴，严词拒绝炮兵的要求，指出："教育重地，决不可做军事设施来架大炮"；"气象台内有许多贵重仪器，决不能被战争破坏"。炮兵纠缠了半个多小时，最后他们见李教授态度坚决，便无奈地走了。午夜李教授还不放心，又出来在气象台四周巡视，直到没有见到炮兵再来干扰，才安心地回家。第二天，气象台在静谧中迎来了中国人民解放军。

纪念设施

1919级喷水塔

　　清华园内最早的一批校友纪念物之一是1919级的石柱喷水塔，它位于体育馆南侧、马约翰纪念像旁西南处。这是1919（己未）级学生毕业时献给母校的礼物。喷水塔下座正面刻有"养源"二字，背面是英文"ISERVE"，表达了同学们不忘母校养育之恩和毕业后报效社会报效祖国之志。著名校友钱端升、笪远纶、钱昌祚、乔万选等均出自这个年级。

1920级日晷

　　在大礼堂前草坪南端、清华学堂与第二教学楼之间，伫立着1920（庚申）级同学毕业时献给母校的纪念物——日晷。著名的经济学家陈岱孙，化学家曾昭抡、陈可忠、萨本铁、赵学海，植物学家张景钺，政治学家萧公权等，均出自于这个年级。

　　据当时主持其事的庚申级校友华凤翔回忆，上部的日晷盘依照北京经纬度绘制，委托北京著名景泰蓝厂老天利以银胎珐琅烧成；其晷底座用汉白玉请工匠在校内雕作而成，并四面刻文，为二中二洋。其正面（南面）中文"庚申级立"，背面（北面）英文为Class1920。一侧中文"行胜于言"，另一侧为"行胜于言"的拉丁译文"Facta Non Verba"。中文请庚申级同学邹宗彦之兄邹宗善（邹宗善为南开大学学生，曾与周恩来总理同学）书，外文由华凤翔学长书写。它是供同学们上下课守时的参考，同时亦含有惜阴、一寸光阴一寸金的意思。解放前（约在1948年），当时的日晷盘变成石刻的了，原来的银胎珐琅盘已不知去向。后来"文革"期间，日晷亦不知流落何处。现在看到的日晷座已是修补过的，而日晷盘则是后来新做的，清华70周年校庆时方与校友们再次见面。

1922级喷水塔

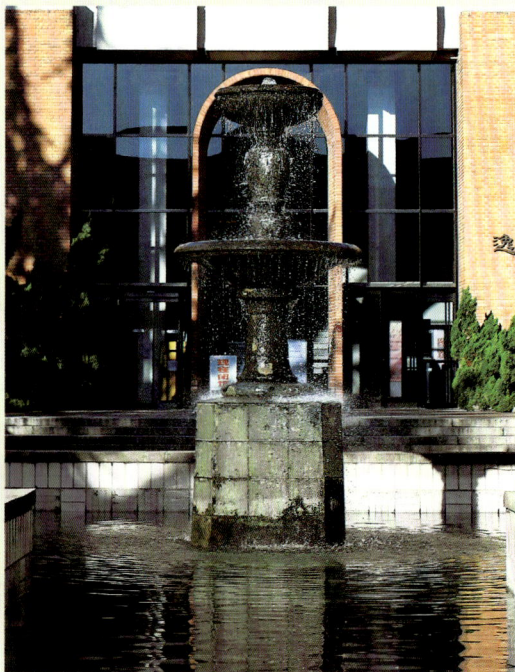

图书馆新馆前的喷水塔是1922（壬戌）级校友毕业时献给母校的纪念物。喷水塔基托下面雕刻有"Class1922"字样。1922级是清华历史上留美预备部期间毕业人数最多的一个班级（毕业学生为94人），其中包括闻一多、罗隆基、高镜莹、萨本栋、时昭涵、吴泽霖、黄子卿、高崇熙、雷海宗、梅贻宝、潘光旦、时昭瀛、闻亦传等著名校友。

1922级学生中闻一多、罗隆基等33人原属1921级。1921年6月，正当学生迎接毕业考试、准备赴美留学时，北京教育界爆发了一次前所未有的教师"索薪"斗争。为支援教师们的斗争，清华学生决定实行"同情罢考"。校方遂以开除学籍相威胁，然而学生表示"利害不论，是非必争"，闻一多则说过这样的话："天下的事还有比出洋更重要的没有？"闻一多等20多人被校方宣布开除。后在各方压力下，校方被迫让步，校方坚持给不肯悔过的学生"留级一年，推迟出洋"的处罚，这些1921级的学生被推迟至1922级赴美留学。

三一八断碑

这块断碑，纪念的是在1926年三一八惨案中英勇牺牲的韦杰三烈士。

韦杰三（1903—1926），广西蒙山县人。自幼聪明好学，但因家贫，小学毕业后无力继续升学，乃辍学到乡里做小学教员。1925年考入清华大学部一年级读书。朱自清先生曾撰文《哀韦杰三君》，文中提到韦杰三君"是一个可爱的人"。这块断碑是清华同学取自圆明园废墟的一根断柱，其寓意是象征正在成长的国家栋梁之材遭反动派摧残而夭折。

碑上镌刻着烈士临终遗言："我心甚安，但中国要快强起来呀！"

闻亭

闻亭地势很高，坐落在"水木清华"荷花池东北角的丘陵突起处。要攀登30级石阶，可亲见松竹掩映着的六角大园亭。闻亭的建造原出于闻先生同班辛酉级校友潘光旦先生的倡议，1947年7月，清华师生在大礼堂举行"闻一多先生殉难周年纪念会"，吴晗、潘光旦、张奚若、朱自清、李广田等参加了大会。同日闻一多纪念亭落成揭幕，该亭由梁思成先生设计，潘光旦题写了"闻亭"匾额。

自清亭

自清亭原名"迤东亭"，在工字厅东墙外的土山上。1978年改名"自清亭"以纪念朱自清先生。朱自清是我国近代杰出的教育家、诗人和散文学家。1925年秋朱自清先生任清华大学中文系教授，后任系主任，抗日战争时期随清华南迁，抗战胜利后随清华回到北

平清华园，仍任中文系教授兼系主任。1948年10月，身患重疾、体重只有39公斤的朱自清教授领衔签名拒领美国救济粮，表现出高尚的民族气节和爱国主义精神，不久即去世。

荷塘月色亭

荷塘月色亭位于近春园环池的西北角，即今天的近春园东山上。八国联军攻陷北京时，火烧圆明园，近春园沦为荒岛，直到1979年，荒岛才被修复。但凡盛夏，仍可见红莲依依、荷叶田田，园景秀色不败，蔚为壮观。1927年夏，住在附近的朱自清教授感于世变，夜不成寐，夤夜走出家门到这一带来散步，以其精妙的构思和生花之笔写下名文《荷塘月色》，为这处古址增添了新的文化特色，名扬天下。荷塘月色亭内有朱自清手迹，挺拔、清秀，见字如见其人。

西南联大纪念碑

1937年卢沟桥事变后，日本帝国主义全面发动侵华战争。为保存中华民族教育精华免遭毁灭，华北及沿海许多大城市的高等学校纷纷内迁。西南联大是由北京大学、清华大学和南开大学迁入云南昆明联合而成。从1937年11月1日组建到1946年解散，西南联大存在近10年。如今，西南联大被称为"中国史上最强大学"，此称誉绝不过。当时，西南联大几乎囊括了当时中国最有成就的大师级学者，在那里"走出了7位两弹一星"元勋，171位中国科学院或中国工程院院士，以及杨振宁、李政道等著名华人科学家。可以说，西南联大是现代中国科学家的摇篮。

国立西南联合大学旧址就在云南师大本部校园东北角，云南师大本部大门边墙上有朱光亚题写的"中国历史名校国立西南联合大学旧址"两行金色大字。清华的"国立西南联合大学纪念碑"为复制所得，于2007年10月27日下午正式落成揭幕。碑面向西南（即昆明方向），正面刻有冯友兰先生撰写的碑文，碑阴镌入抗战期间参军学生之姓名。一侧刻有西南联大校训"刚毅坚卓"，一侧刻有清华大学为复制纪念碑所立碑志，碑志由清华大学人文学院徐葆耕教授撰写，刘石教授作了加工修改。

　　复制的纪念碑由清华大学美术学院整体设计。纪念碑选址在一片绿地之中，东侧有起伏的土坡，向西则面向校河开放，青草依依，绿树成荫，具有浓厚的校园氛围。整个场地的设计表现了西南联大的师生们越过重重险阻、百折不挠、矢志民族复兴的精神。设计师依据地形条件，设置了层层跌落的台地，每层台地皆为不规则的折线，隐喻了中国知识分子宁折不弯的刚毅性格，富有力度。下方的三块台地象征了当时联合起来的三所大学，以不同的铺地材料提示三所学校的性格，在其之上是一块完整的混凝土地面，象征了团结和凝聚力。跌落的台地整体呈现发散的动势，寓意联大精神在此发扬光大。

名人故居

清华是有一些老房子的。

这些老房子大多是当时的教授住宅，其设计皆出自名家之手，是当时最先进的建筑思想的体现，可以这么说，清华的老房子就是一部20世纪建筑史的教科书。

除了建筑学上的意义，最吸引人的，还是这些老房子里的人和事，这里走出过引领当时中国时代潮流的领军人物，也有满腹经纶、固守传统的国学大师，这里面有才子佳人的轻声哀叹，有优雅有趣的文人逸事，有学者大儒之间的晤谈对弈，甚至还有惊心动魄的革命斗争。那个时代的方方面面，私人的、公众的、政治的、文化的……都如同舞台上的戏码一样同时上演。

照澜院

也称南院（旧南院）。照澜院是1921年建成的教授住宅，先建西式丹顶洋房10所，随后又建中式四合院10所。著名教授如梅贻琦（5号）、马约翰（16号）、赵元任（1号、2号）、陈寅恪（2号）都先后在这里居住。当时住在2号院的陈寅恪将自己的住房匀出一半给赵元任夫妇，解决了教授书斋逼仄的"燃眉之急"，而这位精通30多种语言的国学大师陈寅恪曾经天天跑到赵元任家"蹭饭吃"，惹得疼惜太太的赵元任催着陈寅恪赶紧结婚。

西院

位于西校门里，分新旧两部分。"旧西院"包括北面5排，建于1924年，共20个单元，1933年又扩建了10个单元，史称"新西院"。新西院与旧西院统编了门牌号，一直沿用至今。在这里居住的著名学者有王国维（32号、42号）、陈寅恪（36号）、朱自清（45号）、吴晗（12号）等。

吴晗的12号寓所是一处文物。解放战争期间，这里曾是中国共产党领导的各种进步组织的秘密活动据点，众多进步青年、教授都在此讨论国家的前途，很多文件也是在这里起草，还有一些同志是在这里暂时得到保护，然后辗转进入延安的。

新林院（新南院）

20世纪30年代，随着学校规模的扩大，教授住宅供应紧张。于是1934年在南院之南建立了现在的新林院，原名"新南院"。新林院规模较大，质量好，装备齐全，共30所，总面积6588平方米。在这里居住过的教授有陈岱孙（3号）、周培源（2号）、俞平伯（4号）、梁思成和林徽因（8号）、潘光旦（11号）、陈寅恪（52号）、闻一多（72号）等。

这里有著名的"太太的客厅"的"午后茶聚"。每天下午3点半，金岳霖、张奚若夫妇、周培源夫妇、陈岱孙都会齐集新林院8号的梁家，梁家准备花生米、饼干之类的点心，谈话内容涉及哲学、美学、艺术、社会、城市规划、马恩著作等，实质为小型文化沙龙。林徽因是这个沙龙的核心人物。

诗人闻一多的家则洋溢着浓厚的艺术气氛：教妻作诗，陪子习字，还将一块金色的武梁祠画像石图案镶嵌于一面黑色墙壁上，为他的书房取名"匡斋"（"匡"指西汉著名经学家匡衡）。臧克家在一篇文章里这样描述他眼中的72号新林院："一方楼(按：误作楼，实为平房)，一个小庭院，四边草色青青，一片生趣。还是那样的桌子，还是那样的秃笔，还是那样的四壁图书。"

社会学家潘光旦的书房名称着实有趣，叫"葫芦连理之斋"，这是因为在新林院11号房前绿地上结出了一对并蒂葫芦，形象可爱，时为邻居的清华植物学教授张景钺说结出这样葫芦的概率大约是亿兆次中都不见得一遇。于是，潘光旦赋名书房为"葫芦连理之斋"。

胜因院

胜因院是抗日战争胜利后修建的新教授住宅。因抗战期间联大曾租借昆明"胜因寺"等房屋为校舍，又因这批住宅建于胜利之后，故取名"胜因院"以资纪念。胜因院共建住宅40所，总面积5101平方米。居住者曾有刘仙洲（1号）、金岳霖（36号）、费孝通（39号）等。

校园雕像

清华园拥有国内校园数量最多的雕像，达30多座。

朱自清雕像

朱自清（1898—1948），原籍浙江绍兴，因三代居于扬州，所以自称"扬州人"。原名自华，字佩弦，号秋实。文学家、教育家、诗人、学者，主要从事中国古典诗歌的教学和研究。朱自清有著作27种，共约190万言，包括诗歌、散文、文艺批评、学术研究等。朱自清散文素朴缜密、清隽沉郁，以语言洗练、文笔清丽著称，富有真情实感，有较高的艺术成就，《背影》、《春》、《桨声灯影里的秦淮河》、《荷塘月色》等，是其代表佳作。

1948年10月，朱自清因为反对美国政府的扶日政策，参加了拒绝接受美国救济粮的运动，本已身患肺病的他更是虚弱不堪，终于在贫病之中逝世，年仅50岁。雕像位于水木清华园北部山下，水塘边上。

闻一多烈士雕像

闻一多（1899—1946），湖北省浠水人，原名闻家骅，又名多、亦多、一多，字友三、友山。1922年赴美国留学，先后在芝加哥美术学院、科罗拉多大学和纽约艺术学院学习美术。中国现代伟大的爱国主义者，诗人，学者，教育家，中国民主同盟早期领导人，坚定的民主战士，中国共产党的挚友。

20世纪20年代闻一多先后出版诗集《红烛》、《死水》，加上他对新诗理论所作的重要贡献，奠定了他在中国文学史上的地位；除诗歌外，他还多有美术、戏剧等创作。由于家学相传，他致力于我国古典文学的教学和研究，"是为创造一个崭新的新文学，中西文化融合的'宁馨儿'"。他从唐诗开始，上溯至汉魏六朝诗、《周易》、《诗经》、《庄子》、《楚辞》，甚而古代神话、史前文学，以及古文字学、音韵学、民俗学和诗词格律等领域进行了深入研究，侧重于考据、训诂，显现出了惊人的功力。郭沫若评价说："他那眼光的犀利，考索的赅博，立说的新颖而翔实，不仅前无古人，恐怕还要后无来者的。"

1937年抗战开始，他在昆明西南联大任教。抗战8年中，他留了一把胡子，发誓抗战不胜利就不剃去，表示了抗战到底的决心。

1946年7月15日在悼念李公朴先生大会上，发表了著名的《最后一次的讲演》，当天下午即被国民党特务杀害。

"诗人的主要天赋是爱，爱他的祖国，爱他的人民。"这是闻一多的名言。其雕像坐落于大礼堂西侧，水木清华园东侧。

吴晗雕像

在1986年4月建校75周年校庆日，清华大学于近春园遗址——"荒岛"西北侧，建立吴晗纪念像。此像由中央美术学院教授张得蒂设计制作。此像为一尊青色花岗岩半身雕像，像下石碑上刻有吴晗生平事略。

吴晗（1909—1969），历史学家。1931年因胡适举荐成为国立清华大学史学工读生，专攻明史，28岁时被云南大学聘为教授。解放后，先后任清华大学历史系主任、文学院院长，后又任北京市副市长。1959年起先后写了《论海瑞》、《海瑞骂皇帝》和京剧《海瑞罢官》等，后遭批判。"文革"中受到残酷迫害，于1969年10月11日自杀身亡。

马约翰雕塑

1986年建校75周年校庆日落成，位于西区体育馆南侧。此像系一尊红花岗岩坐像，高2.80米，由中央美术学院教授郭嘉瑞设计制作。

马约翰（1882—1966），福建省厦门市人。我国近代著名的体育家、体育理论家、教育家，马约翰提出了"动是健康的泉源"，"体育是培养人们具有'完全人格'的重要手段"等体育理论，被称为"我国体育界的一面旗帜"。1919年至1920年与1925年至1926年两次赴美国春田学院进修体育。1905年在上海"万国运动会"上击败欧日选手，获一英里赛跑冠军；1936年担任中国代表团田径队总教练，参加了在柏林举行的第十一届奥林匹克运动会。马约翰于1914年至1966年在清华大学任助教、教授、体育部主任等。在清华工作的52年里，他以身作则，和学生们一起锻炼，并积极实现锻炼方式多样化。他以自己的辛勤劳动和工作热忱，普及体育，为祖国输送了一批又一批体魄健全的人才。

校园中还有梁思成、陈岱孙、刘仙洲、蒋南翔、张子高、陶葆楷、曹本熹、孟昭英、叶企孙等大家的塑像，总共30余座。

第三章

清华人

学校最重要的功能是教书育人，而评论一所大学的成就，最重要的指标就是这所大学的毕业生是否在这个社会或者某个领域里面担当起了中流砥柱的作用。在过去的100年里，清华人为国家和社会作出的贡献是有目共睹的，无论是在革命时期，还是在新中国建设过程中；无论是在政坛，还是在商界，无论是在国内，还是在国外。百年辉煌由所有清华人共同铸就，清华传奇还在继续！

半国英才

民间有一种说法：半国英才进清华。这个说法虽有夸张的成分，但也从一定程度上反映了考入清华的学生普遍素质之高。

清华是新中国成立以来招收理科高考状元数量最多的大学（2011年之前5年招收各省状元人数分别为41，38，39，31，33），清华在大部分省市的理科录取分数线居全国高校之首，过去5年中，各省理科前10名有70%以上选择清华大学（是新中国成立以来招收各省市理科前10名数量最多的大学），全国75%的理科状元进了清华，其中包括绝大多数省份的理科第一名，2009年内蒙古、河北、天津、辽宁等省市自治区理科前10名中的9名均被清华录取，2008年河北省理科前10名全部报考了清华大学，理科90%高分考生选择清华的现象在贵州省连续多年。

清华也是招收国际数学、物理和计算机等奥林匹克竞赛奖牌获得者最多的大学。2002年，国际奥林匹克学科竞赛金牌获得者中国共有23名，清华大学录取了12名，包括数学金牌得主2名、物理金牌得主4名、生物金牌得主2名和信息金牌得主4名；历届国家理科实验班学生，数、理、化、生和信息等国际竞赛奖牌得主也多进入清华大学学习。

与此同时，清华文科也日益受到优秀文科考生的青睐，清华统考录取的文科学生中大约有40%位于各省的前10名，2006年湖南省文科状元报考的就是清华，2008年安徽省文科考生的前三甲就都报了清华大学，同年贵州省文科第一名和第二名也都报考清华，2009年共录取了50余名各省份的文科前10名，其中包括超过三分之一省份的文科第一名，而2008年上海文科录取分数线清华更是首次超过北大：清华544分，北大540分。

除了高考，清华还是全国MBA和MPA报考竞争最激烈、研究生录取比例最低的大学，历年的MBA、MPA联考状元几乎被清华包揽。

政界骄子

由于其毕业生高质量的专业素质、低调实干的工作作风，中国政界一直对清华偏爱有加，清华甚至被外界戏称为"大清世界"：现任中央政治局常委9人中有3个是清华的，专业副部长以上的就超过100人，其他正部级单位的统计不全，暂计29人，享受副部级以上待遇的清华校友更有1000多人。这其中甚至还有一批领袖级的人物，其中最为著名的有：朱镕基、胡锦涛、吴邦国、黄菊、吴官正、习近平、曾培炎、刘延东等。

1984年，正任国家经济委员会副主任一职的朱镕基，受邀担任清华大学经济管理学院院长。朱镕基做了17年的院长，亲自带过4个博士生，与清华的关系更加特殊。一直到2001年卸去清华大学经济管理学院院长一职时，发表了如下演讲：

朱镕基告别清华演讲（有删节）

今天，我来到清华，心情非常激动，在美国白宫的南草坪上也没有这么激动过。我不怕外国人，但是来到这里心里还是有点怕……毕竟是后生可畏啊。

我今天来这里，其实不是作报告的，是来告别的，是出席辞去清华大学经济管理学院院长的告别会。

1984年，刘达同志邀请我做院长，我本来没有学过经济，但对管理特别感兴趣，所以，不知高低，一口应承下来。但是这些年，我给经管学院没有做过什么事，甚至同学们想见我一面都难，我扪心自问，难道我真的是政务繁忙到见同学们一面的机会都没有吗？扪心自问，心中有愧。我带过4个博士生，他们的论文我也读过，但的确提不出什么好的建议来，所以我就把世界上最优秀的管理者邀请来，成立了顾问委员会，希望能对经济管理学院的成长有帮助。

开第二次顾问委员会会议时，美林银行私下给我递过一封信，说愿意捐给经济管理学院50万美元。我考虑了一下，觉得不能收，因为我是请他们来提建议，而不是乱收费的。我不能让外国人说：中国到处乱收费，现在连清华大学也乱收费啊。

因此，我告诉王校长、贺书记，我当这个院长其实没好处，有钱也不能收。我自从做总理以来，事情很多，因此好几次提出要辞去院长一职。但他们每次都做工作，说起了作用，但是我也不知道起了什么作用。我今天来是正式辞去院长一职，也请在座的其他院系的同学做个见证人，教育部部长陈至立也是见证人。大约校长、书记也考虑我前边提出的情况，同意我辞去院长一职。

大中校长说，如果院长不做，做个荣誉院长也好。我说不行，最后只做顾问管理委员会的荣誉主席。所谓荣誉，就是来也可以，不来也行。我绝不耽误顾问委员会的运行。

为人比为学更重要，为人，就是要做一个有骨气的中国人。

我非常敬佩朱自清先生的为人，很喜欢听他讲话。我敬佩他为人的那种廉洁和谦虚。我还清楚地记得朱自清先生在同方部的一次讲话，音容宛然。我们也很喜欢去张奚若先生家里，坐在地上，听张先生纵论天下，大骂国民党。我后来做班长、学生会主席，读了很多很多书，我的共产主义信仰就是在那时候建立的。

我不喜欢工科，因为英文好，喜欢文科，老想着转系，不过没转成。有人说没转成是对的，因为国家后来还是重视工科的。我那时候在班里不是最好的，我还非常清楚地记得在大操场上同班同学张丰容(音)跟我说的那几句话。我说我在中学时是班里的第一名，现在跟班上那些认真学习的人相比也没有怎么不用功啊。张告诉我说：在来清华之前，哪个不是第一名？清华竞争的确非常激烈，人才出了不少，我们班里就出了3个院士。清华有自己的精神，至于这精神是什么，需要在座的诸位回答。我的理解是：追求完美！

每个清华人都负有责任，建设这个国家。为学，要扎扎实实，不可沽名钓誉。做事，要公正廉洁，不要落身后骂名。

我曾有过20年（1958—1978）没有党籍的日子，但是在那些日子里，我从来没有放弃过我的信念。我没有忘记清华对我的教育，没有做有愧于心的事情。

我对儿女很严格，虽然他们没有上清华，但是身上有清华的精神。他们也很争气，后来我做上海市市长、副总理的时候，他们出去留学，但是没有人知道他们的父亲位居要职。他们依靠刷盘子、打工度过了他们的留学生活。现在都已经回到国内。

做了17年(1984—2001)的经管学院院长，我没有做什么。校长要我对未来的学院提点建议，我认为要把经济管理学院建成世界一流的管理学院，一定要有一流的师资力量。没有，要花大力气去请，就是讲学也可以。

今天，我告别清华，以后就很少来了，实际上，就是不来了。

但是，请大家放心，我的心永远留在清华。清华的每一个成绩，我都会欣慰，清华的每一个难处我都会关心，清华的每一个不足我都会指出。

再见了，我永远是一个清华人！

两院院士

　　"院士"是一个国家给予科学家的最高荣誉称号。对于以培养高精尖人才为己任的大学而言，院士是其科研实力的表现之一，更是其胸前的一枚荣誉徽章。而清华的胸前则满满地佩戴着这样的徽章。初步统计，共有329名清华校友当选中国科学院院士，139名清华校友荣膺中国工程院院士，他们当中包括：华罗庚、钱学森、钱三强、邓稼先、竺可桢、李政道、杨振宁、马寅初、陈寅恪、林巧稚（我国第一位女院士）……清华的两院院士总数以极大优势居国内高校第一。除了获得我们国家的认可，还有很多清华人获得了国际学术界的认可与褒奖，共有22名清华学生、9名校友在美国的最高科研机构当选院士，18名清华人当选俄罗斯国家院士，接受外国国家级、最高学术机构荣誉称号最多的3位学者，2位是清华的，另一位也是清华校友。此外，在英国皇家学会、IEEE（国际电气电子工程师协会）等世界一流学术机构中也都有清华人的一席之地。

科技精英

　　除了荣膺院士，清华学子还屡获国内外科技大奖：我国自然科学一等奖第一获奖人清华学子最多，中国光华工程科技奖（中国工程科学领域的最高奖）清华校友获奖人数名列第一。

　　国家最高科技奖自设立以来，共有7人获奖，其中的黄昆院士、金怡濂院士、刘东升院士，中国载人航天工程总设计师王永志院士，神舟飞船总设计师戚发轫院士也都是清华学子。

　　在国际科学界，还有诸多以清华人名字命名的科学理论，显示了清华人的理论创新能力处于国际一流水平，有以华罗庚（1931年至1933年在清华大学数学系研究生班学习）姓氏命名的"华氏定理"和"华-王方法"，钱学森（1934年至1935年在清华大学航空系学习）的"Karman-钱近似"公式，陈省身（1934年毕业于清华大学研究生院）的"陈示性类"等17项之多。

　　老一辈清华学子战绩辉煌，新时代的清华学子也不甘落后，而且领域也更宽，新秀气息，长势喜人：

　　2001年清华学生刘飞获得第一届国际报纸版面计算机自动分析大赛第一名；2001年、2002年清华大学风神队连夺两届Robcup世界机器人足球大赛仿真组冠军，是国内各名校中唯一获得该项世界冠军的大学；2002年清华大学计算机系团队荣获2002年PennySort世界计算机程序比赛冠军，并创造了新的世界纪录；2003年清华"星空"团队又荣获该项比赛专用组冠军，是国内各名校中唯一获得该项世界冠军的大学；2002年清华大学团队首次参加国际文本检索大赛便在Novelty Track项目中获得一项冠军和一项亚军，在Web Track项目中独得两项冠军。其后清华大学又多次蝉联冠军。

"两弹一星"

　　1999年9月18日，在中华人民共和国成立50周年之际，党中央、国务院、中央军委隆重表彰为我国"两弹一星"事业作出突出贡献的23位科技专家，并授予他们"两弹一星功勋奖章"。（备注："两弹一星"最初是指原子弹、导弹和人造地球卫星。"两弹"中的一弹是原子弹，后来演变为原子弹和氢弹的合称；另一弹是指导弹。"一星"则是人造地球卫星。）

　　中国的"两弹一星"，是20世纪下半叶中华民族创建的辉煌伟业。1964年10月16日我国第一颗原子弹爆炸成功，1967年6月17日我国第一颗氢弹空爆试验成功，1970年4月24日我国第一颗人造卫星发射成功。这是中国人民在攀登现代科学高峰征途中创造的"两弹一星"的人间奇迹。

　　20世纪五六十年代是极不寻常的时期，当时面对严峻的国际形势，为抵制帝国主义的武力威胁和核讹诈，50年代中期，以毛泽东同志为核心的第一代党中央领导集体，根据当时的国际形势，为了保卫国家安全、维护世界和平，高瞻远瞩，果断地作出了独立自主研制"两弹一星"的战略决策。大批优秀的科技工作者，包括许多在国外已经有杰出成就的科学家，以身许国，怀着对新中国的满腔热爱，响应党和国家的召唤，义无反顾地投身到这一神圣而伟大的事业中来。他们和参与"两弹一星"研制工作的广大干部、工人、解放军指战员一起，在当时国家经济、技术基础薄弱和工作条件十分艰苦的情况下，自力更生，发愤图强，完全依靠自己的力量，用较少的投入和较短的时间，突破了原子弹、导弹和人造地球卫星等尖端技术，取得了举世瞩目的辉煌成就。

　　"两弹一星"的研制工作者们，是一支特别能吃苦、特别能战斗的队伍。

他们在茫茫无际的戈壁荒原，在人烟稀少的深山峡谷，风餐露宿，不辞辛劳，克服了各种难以想象的艰难险阻，经受住了生命极限的考验。他们运用有限的科研和试验手段，依靠科学，顽强拼搏，发愤图强，锐意创新，突破了一个个技术难关。他们所具有的惊人毅力和勇气，显示了中华民族在自力更生的基础上自立于世界民族之林的坚强决心和能力。

"两弹一星"的研制成功，是中华民族为之自豪的伟大成就。为了在新形势下大力弘扬研制"两弹一星"的革命精神和优良传统，党中央、国务院、中央军委决定，对当年为研制"两弹一星"作出突出贡献的23位科技专家予以表彰，并授予于敏、王大珩、王希季、朱光亚、孙家栋、任新民、吴自良、陈芳允、陈能宽、杨嘉墀、周光召、钱学森、屠守锷、黄纬禄、程开甲、彭桓武"两弹一星"功勋奖章，追授王淦昌、邓稼先、赵九章、姚桐斌、钱骥、钱三强、郭永怀"两弹一星"功勋奖章。在这23位获得功勋奖章的专家里面，有14位是清华校友，他们是：

★ **王淦昌**，"中国两弹之父"，也是世界上第一个发现反西格玛超子的科学家，1929年清华大学物理系毕业。

★ **赵九章**，"中国卫星之父"，东方红1号卫星总设计师，1933年清华大学物理系毕业。

★ **钱三强**，"中国原子能之父"，中国第一个重水反应堆总设计师，1936年清华大学物理系毕业。

★ **王大珩**，"中国光学之父"，1936年清华大学物理系毕业。

★ **彭桓武**，对原子弹、氢弹的理论研究作出重大贡献，1935年清华大学物理系毕业。

★ **陈芳允**，中国卫星测控技术奠基人，1938年清华大学物理系毕业。

★ **郭永怀**，为我国导弹事业作出重大贡献，1940年清华大学研究所肄业。

★**钱学森**，"中国导弹之父"，1934年考取清华大学留美资格后在清华航空系学习一年。

★**屠守锷**，"中国航天之父"，1940年清华大学航空系毕业。

★**王希季**，长征1号运载火箭与我国首个回收式卫星总设计师，1942年清华大学（西南联大）机械系毕业。

★**邓稼先**，"中国原子弹之父"，1945年清华大学（西南联大）物理系毕业。

★**朱光亚**，中国工程院首任院长，1945年清华大学（西南联大）物理系毕业。

★**周光召**，世界著名物理学家，11个国家的外籍院士，1951年清华大学物理系毕业。

★**杨嘉墀**，实践系列卫星总设计师，1941年至1942年任教于清华大学（西南联大）。

这仅仅是"两弹一星"事业中关键岗位上的清华人代表，而那些长期默默奉献于"两弹一星"岗位的清华人更是不计其数。

诺贝尔奖

1957年，杨振宁与李政道提出的"弱相互作用中宇称不守恒"观念被实验证明而共同获得诺贝尔物理学奖，他们是最早获得此奖项的华人。

杨振宁，1922年10月1日生于安徽省肥西县。8岁开始在清华园生活，1938年考入西南联合大学物理系，1944年获西南联大清华研究院硕士学位，然后留学美国，获芝加哥大学博士学位。如今，从美国纽约州立大学石溪分校爱因斯坦讲席荣休后，杨振宁先生回到清华，正式成为清华物理系的一员。

李政道，1926年11月25日生于上海。1945年他转学到当时在昆明的西南联合大学，师从吴大猷、叶企孙等著名教授。1946年赴美国芝加哥大学，师从费米教授。1984年他获得哥伦比亚大学全校级教授（University Professor）这一最高职称，至今仍是哥伦比亚大学在科学研究上最活跃的教授之一。

1957年，杨振宁与李政道以他们提出的"宇称不守恒理论"共同获得了诺贝尔物理学奖。他们两个人是最早获得诺贝尔奖的中国人。

四大导师

　　1925年，在中国学术史上是具有重要意义的一年：新文化运动已如火如荼地进行了10年，科学与民主的口号深入人心，以孔家店为代表的中国"旧文化"被打倒在地，在这种大背景下，清华国学研究院成立了。当陈独秀、鲁迅在北大的讲台上激情昂扬地申诉着吃人的旧礼教时，清华大学却成立了以培养用现代科学方法整理国故、以著述为毕生事业的国学人才为宗旨的国学研究院，多多少少有些"逆历史潮流"之嫌。几十年过去了，清华国学院的成立终于成为了中国文化史上的一个文化事件而熠熠生辉，伴随着这个文化事件名垂千古的则是清华国学院的扛鼎之人——四大导师：开创甲骨文研究殷商史的王国维，戊戌变法的核心人物、著述等身的梁启超，哈佛大学毕业的语言学家赵元任，还有一位没有硕士博士头衔却会30多种语言的历史学家陈寅恪。

南书房行走

　　对于绝大多数人来说，知晓王国维也许是听说过他的"学术三境界"，再要么就是听说过他的《人间词话》，但是王国维的伟大之处绝不仅仅如此，这位集史学家、文学家、美学家、考古学家、词学家、金石学家和翻译理论家于一身的学者，生平著述62种，批校的古籍逾200种，被誉为"中国近三百年来学术的结束人，最近八十年来学术的开创者"。

　　王国维，字伯隅、静安，号观堂、永观。出生于浙江海宁一个没落的地主家庭，两岁丧母，"体素羸弱，性复忧郁"。自幼受旧式教育长大，有"海宁四公子"之誉。

王国维早期致力于文学研究和写作，著有《红楼梦评论》、《人间词话》、《宋元戏曲考》，在当时的文学理论界都引起了震动，其《人间词话》到现在还是中文系学生的必读书。辛亥革命之后，王国维偕同挚友罗振玉一家东渡扶桑，定居京都，这是王国维一生中相对安稳的一段时间，亦是学术道路上的一个转折时期，"自忽以前所学未醇，乃取行箧《静安文集》百余册悉摧烧之"。从此转治古史学。在一个反传统的时代背景下，王国维终于体会到了传统的妙义，在经史小学、甲骨金文、汉晋简牍、西北地理、蒙古史等研究中，都蔚成一代大师。

但王国维此时只是一个悲凉的凭悼者。凭悼即是一种回忆，凭悼文化也是如此。王国维、罗振玉等清室遗老应是广义上的文化遗民，他们几乎都是一代学者，他们珍视的传统文化随王朝一起现出末世衰乱的景象，眼见一个整体的文化、伦理价值体系的行将崩溃，他们不仅是一个王朝的凭悼者，更是一种文化的凭悼者。

陈寅恪曾说：凡一种文化值衰落之时，为此文化所化之人，必感苦痛，其表现此文化之程量愈宏，则其所受苦痛亦愈甚；迨既达极深之度，殆非出于自杀无以求一己之心安义尽也。这番话大概就是冲着王国维说的。早年在上海时，王国维就曾与学生庄重严肃地演习古礼，亲自设计搭盖"芦殿"，叹之为"极美之事"。五四以后，王国维更是蓄起了辫子。王国维早在留日时即已剪发，是时溥仪也早剪去了辫子。一向刻板的王国维面对一种文化无法挽救的陨落，彻底绝望了。

苏珊·桑塔格在本雅明的作品《单向街》序言中写道："他带着所有残篇断简、他的抗议态度、他的沉思和梦想、他的无尽的忧郁、和他向下望的双眼，将在最后审判面前，对他所占据的全部位置和一直到死对精神生活的捍卫，作出辩护。"此言同样适用于王国维。

1927年，在国民革命军北上、长子早逝、挚友绝交一连串打击下，生性忧郁的王国维心力交瘁，终于留下一纸遗书：

"五十之年，只欠一死；经此世变，义无再辱！我死后，当草草棺敛，即行藁葬于清华园茔地。汝等不能南归，亦可暂于城内居住。汝兄亦不必奔丧，因道路不通，渠又不曾出门故也。书籍可托陈（寅恪）、吴（宓）二先生处理。家人自有人料理，必不至不能南归。我虽无财产分文遗汝等，然苟谨慎勤俭，亦必不至饿死。"

1927年6月2日清晨，王国维先去清华处理完一些日常事务后，雇黄包车到了颐和园，自沉于昆明湖，终年50岁。

饮冰室主人

20世纪使用频率最高的一些中文词汇，"政治"、"经济"、"哲学"、"民主"、"宪法"、"组织"等，都是他最早从日语译成中文的；在日本和欧美流亡期间，他被当做中国新的政治和知识领袖来接待；广东新会茶坑村，至今还流传着一个故事：抗战时期，扫荡的日军经过茶坑村，听说这是他的故乡，就绕道而去，因此保全了整个村庄；"中华民族"的称谓是由他第一次提出的。

这个人就是梁启超。

梁启超（1873—1929），字卓如，号任公，又号饮冰室主人、饮冰子、哀时客、中国之新民、自由斋主人等，广东新会人。中国近代维新派代表人物，学者，著名的政治活动家、启蒙思想家、教育家、史学家和文学家。

梁启超自幼接受传统教育，5岁读四书五经，"八岁学为文，九岁能缀千言"，12岁中秀才头名，17岁在广东乡试中考取举人第8名，主考官李端棻和副主考都认为他"国士无双"，都有心把妹妹和女儿嫁给他（后李端棻把堂妹李蕙仙许配给梁启超）。1890年赴京会试，不中。回粤路经上海，看到介绍世界地理的《瀛环志略》和上海机器局所译西书，眼界大开，后结识康有为，投其门下，就读于万木草堂，接受康有为的思想学说并由此走上改良维新的道路，时人合称"康梁"。1895年春再次赴京会试，并协助康有为发动了在京应试举人联名请愿的"公车上书"。1898年，回京参加"百日维新"，维新运动期间，梁启超表现活跃，曾主北京《万国公报》（后改名《中外纪闻》）和上海《时务报》笔政，他的许多政论在社会上有很大影响。

1918年底，梁启超赴欧，了解到西方社会的许多问题和弊端。回国之后即宣扬西方文明已经破产，主张光大传统文化，用东方的"固有文明"来"拯救世界"，以主要精力从事文化教育和学术研究活动，研究重点为先秦诸子、清代学术、史学和佛学，1925年应聘任清华国学研究院导师。梁启超于学术研究涉猎广泛，在哲学、文学、史学、经学、法学、伦理学、宗教学等领域，均有建树，以史学研究成绩最著。1901年至1902年，先后撰写了《中国史叙论》和《新史学》，批判封建史学，发动"史学革命"。梁启超在文学理论上引进了西方文化及文学新观念，首倡近代各种文体的革新。文学创作上亦有多方面成就：散文、诗歌、小说、戏曲及翻译文学方面均有作品行世，尤以散文影响最大。他一生著述宏富，有多种作品集行世，以1936年9月11日出版的《饮冰室合集》较为完备。

文学家梁实秋回忆在清华聆听梁启超的演讲时说："他穿着肥大的长袍，步履稳健，风神潇洒，左右顾盼，光芒四射，这就是梁任公先生。他走上讲台，打开他的讲稿，眼光向下面一扫，然后是他的极简短的开场白，一共只有两句，头一句是：'启超没有什么学问'，眼睛向上一翻，轻轻点一下头：'可是也有一点喽！'"

1928年10月12日下午3点，病中的梁启超正在写作《辛稼轩年谱》，恰好写到辛弃疾61岁那年，朱熹去世，辛弃疾前往吊唁，作文寄托哀思。梁启超录下这篇文章中的四句："所不朽者，垂万世名。孰谓公死，凛凛犹生。"这是他的绝笔。

之后，他被送到协和医院抢救，收效甚微。1929年1月19日，梁启超卒于北京，安葬在西山卧佛寺，与发妻李蕙仙合葬。这位一辈子都在探求中国富强之道的"行者"，终于停下了脚步。

他的墓碑是长子梁思成、长媳林徽因共同设计的。墓碑上，没有任何表明墓主生平事迹的文字。

中国语言学之父

赵元任（1892—1982），字宣仲，又字宜重，江苏武进(今常州)人，生于天津。中国语言学家、音乐家、清华研究院"四大导师"之一，被公认为中国语言学之父和中国近代音乐先驱者之一。1910年为游美学务处第二批留学生，入美国康奈尔大学，后获理学学士学位。1918年获哈佛大学哲学博士学位。1925年应聘到清华国学院任导师。

赵元任一生中最大的快乐，是到了世界任何地方，当地人都认他做"老乡"。二战后，他到法国参加会议。在巴黎车站，他对行李员讲巴黎土语，对方听了，以为他是土生土长的巴黎人，于是感叹："你回来了啊，现在可不如从前了，巴黎穷了。" 后来，他到德国柏林，用带柏林口音的德语和当地人聊天。邻居一位老人对他说："上帝保佑，你躲过了这场灾难，平平安安地回来了。" 1920年，英国哲学家罗素来华巡回讲演，赵元任当翻译。每到一个地方，他都用当地的方言来翻译。他在途中向湖南人学长沙话，等到了长沙，已经能用当地话翻译了。讲演结束后，竟有人跑来和他攀老乡。

赵元任曾表演过口技"全国旅行"：从北京沿京汉路南下，经河北到山西、陕西，出潼关，由河南入两湖、四川、云贵，再从两广绕江西、福建到江苏、浙江、安徽，由山东过渤海湾入东三省，最后入山海关返京。这趟"旅行"，他一口气说了近一个小时，"走"遍大半个中国，每"到"一地，便用当地方言土话，介绍名胜古迹和土货特产。

这位被称为"中国语言学之父"的奇才，会说33种汉语方言，并精通多国语言，还兼授物理、逻辑等课程。除此之外，他一生还创作过100多部音乐作品，会摆弄多种乐器，他的歌曲作品，如《卖布谣》、《劳动歌》等，流传至今，成为音乐院校的教材及音乐会上经常演唱的曲目。

教授的教授

陈寅恪（1890—1969），江西义宁（今修水县）人。中国现代最负盛名的历史学家、古典文学研究家、语言学家，中央研究院院士，清华大学中文、历史、哲学三系合聘教授，被称为"旷世奇才"、"教授的教授"。通晓梵文、突厥文、满文等多种东西方语言文字计30余种。归国后先后任教于清华国学研究院、岭南大学等数所大学。陈寅恪一生中为人们留下了大量著作，内容涉及历史、文学、宗教等多个领域，特别是历史学领域。对于学术研究，他曾言："前人讲过的，我不讲；近人讲过的，我不讲；外国人讲过的，我不讲；我自己过去讲过的，也不讲。现在只讲未曾有人讲过的。"因此，陈寅恪的课上学生云集，甚至许多名教授如朱自清、冯友兰、吴宓都风雨无阻地听他的课。

1934年《清华周刊——欢迎新同学专号》之《教师印象记》中，对陈寅恪先生的形象有这样一段描写：清华园内有趣人物真多，但其中最有趣的要算陈寅恪先生了，上课铃响后，站在三院教室前的过道上，你们将看见一位里面穿着皮袍，外面罩以蓝布大褂、青布马褂，头上戴着一顶两旁有遮耳的皮帽，腿上盖着棉裤，足下蹬着棉鞋，右手抱着一个蓝布大包袱，走路一高一下，相貌稀奇古怪的纯粹国货式的老先生从对面而来，这就是陈寅恪先生了。

1926年远在德国游学的陈寅恪，接到国学院导师的聘书，这一年他刚满36岁，师生们惊叹陈寅恪的博学，他在课堂上讲授的学问贯通中西，他在课余分析各国文字的演变，竟把葡萄酒原产何地，流传何处的脉络给学生讲述得一清二楚。他上课时清华的教授们也常来听，后来有人称他为"活字典"，也有人称他是"教授的教授"。

陈寅恪做学问的方式，不是做卡片而是在书上随读随记，也就是古人的眉批，这是他学术研究的基础。有一次他的藏书被烧毁了，而他随身带的常用的书，在绕道去昆明的路上，竟也大部分被盗走了，他以后的学术研究，将主要依靠他积攒的记忆了。"家亡国破此身留，客馆春寒却似秋"，陈寅恪在几乎没有参考书籍的情况下，撰述了两部不朽的中古史名著，《隋唐制度渊源略论稿》和《唐代政治史述论稿》。《剑桥中国史》在提到陈寅恪时给予了异乎寻常的褒奖，陈寅恪提出的关于唐代政治和制度的观点，远比以往发表的任何观点扎实、严谨和令人信服。牛津大学1939年曾正式聘请陈寅恪担任该校汉学教授，并于此后数年一直虚席以待。

晚年的陈寅恪在一次洗澡时摔跤骨折，生命最后的7年大部分时间是不能站立的，"文革"爆发后说要抬出去批斗，但是后来陈寅恪的清华早年弟子刘节先生代他去批斗了，造反派粗暴地殴打了刘节，还问他，有何感受。刘节说，能够代替老师来被批斗，我感到很光荣。

1969年10月7日，陈寅恪走完了他79年的生命历程，弥留之际，他一言不发，只是眼角不断地流泪。45天后，夫人唐筼追随他而去。陈寅恪没有遗嘱，但他取得的学术成就却垂范着后世的中国，他留下的著作，以繁体字竖排出版，一如他生前期望的那样。这些文字，烙刻着以学术为生命的独特印记，留赠来者。

2003年6月16日，陈寅恪与夫人唐筼的骨灰落葬于中国科学院庐山植物园内，墓茔左侧长条石上刻着"陈寅恪唐筼夫妇永眠于此"的字样，右侧扁形石上刻着当代著名画家黄永玉题写的陈寅恪一生奉行的准则，"独立之精神、自由之思想"。这一1929年陈寅恪为国学大师王国维所作的墓志铭，在70多年后被后人郑重地刻在了他自己的墓碑上。

文化名家

围城之主，文化昆仑

钱钟书，原名仰先，字哲良。字默存，号槐聚，曾用笔名中书君。清宣统二年十月二十日（1910年11月21日）生于江苏无锡，1998年12月29日病逝于北京。

中国现代著名作家、文学研究家。有散文集《写在人生边上》，用英文撰写的《十六、十七、十八世纪英国文学里的中国》，短篇小说集《人·兽·鬼》，长篇小说《围城》，文论及诗文评论《谈艺录》。其中《围城》有独特成就，被译成多国文字在国外出版。《谈艺录》融中西学于一体，见解精辟独到。新中国成立后，钱钟书出版有《宋诗选注》、《管锥编》5卷、《七缀集》、《槐聚诗存》等。钱钟书还参与《毛泽东选集》的外文翻译工作，主持过《中国文学史》唐宋部分的编写工作。

钱钟书报考清华大学时，数学仅得15分，但因国文、英文成绩突出，其中英文更是获得满分，于1929年被清华大学外文系录取。他到清华后的志愿是：横扫清华图书馆。他的中文造诣很深，又精于哲学及心理学，终日博览中西新旧书籍。最怪的是他上课从不记笔记，总是边听课边看闲书或作图画，或练书法，但每次考试都是第一名，甚至在某个学年还得到清华超等的破纪录成绩。

1949年北京解放前夕，许多学者选择离开中国，可是钱钟书偏要留在中国。杨绛后来在《干校六记》中怀着诚挚的感情忆及这件事时说："默存常引柳永的词：'衣带渐宽终不悔，为伊消得人憔悴。'我们只是舍不得祖国，撇不下'伊'。""文革"中，钱钟书受到冲击，并被下放到"五七"干校劳动，杨绛曾问钱钟书："你悔不悔当初留下不走？"钱钟书毫不犹疑地回答说："时光倒流，我还是照老样！"

柯灵曾这样赞叹钱钟书："散文也罢，小说也罢，共同的特点是玉想琼思，宏观博识，妙喻珠联，警句泉涌，谐谑天生，涉笔成趣。这是一棵人生道旁历尽春秋、枝繁叶茂的智慧树，钟灵毓秀，满树的玄想之花，心灵之果，任人随喜观赏，止息乘荫。只要你不是闭目塞听，深闭固拒，总会欣然有得。——深者得其深，浅者得其浅。"

蓝旗袍式的干净

杨绛(1911—)，原名杨季康，江苏无锡人，中国社会科学院外国文学研究员，作家、评论家、翻译家、剧作家、学者。1932年毕业于苏州东吴大学，成为清华大学研究院外国语文研究生。1935年至1938年与丈夫钱钟书一同留学于英、法等国，回国后历任上海震旦女子文理学院外语系教授、清华大学西语系教授。1953年，任北京大学文学研究所、中国科学院文学研究所、中国社会科学院外国文学研究所的研究员。

杨绛的职业是外国文学的研究学者，但为她带来巨大声誉的却是她的作品，无论是翻译作品还是原创作品：剧本有《称心如意》、《弄真成假》、《风絮》，小说有《倒影集》、《洗澡》，论集有《春泥集》、《关于小说》，散文《将饮茶》、《干校六记》，译作有《1939年以来的英国散文选》、《小癞子》、《吉尔·布拉斯》、《堂吉诃德》。写于1984年的《老王》被选为苏教版初中教材。沉定简洁是杨绛作品的语言特色，看起来平平淡淡，无阴无晴。然而平淡不是贫乏，阴晴隐于其中，经过漂洗的苦心经营的朴素中，有着本色的绚烂华丽。干净明晰的语言在杨绛笔下变得有巨大的表现力。同她的文字一样干净高贵的是杨绛女士本人。作为女人，杨绛并没有出众的外貌，真正征服人的是她的性格、气质和智慧——内敛低调却有礼有节，诗书雕琢出优雅的气质和智慧的头脑。（这一点怕是钱钟书先生最为认同的。）仿佛一袭朴素的蓝布旗袍：简单高贵，机锋毕现。

1998年，钱钟书先生的逝世使文化界深感悲痛。但罕为人知的是钱先生和杨女士唯一的女儿钱瑗已于此前(1997年)先他们而去。丈夫、女儿相继去世后，她的第一件事情就是将钱钟书的作品整理出来，还把他密密麻麻的读书笔记发表，之后又将他们二人的全部稿费和版税捐赠母校清华大学设立"好读书"奖学金，奖励好学上进、成绩优秀、家庭经济困难的学生，使学生能无后顾之忧地完成学业。

唯一的女儿、一生的伴侣相继离去，杨女士晚年之情景非常人所能体味。在人生的伴侣离去4年后，92岁高龄的杨女士用心记述了他们这个特殊家庭63年的风风雨雨、点点滴滴，结成回忆录《我们仨》，以下是《我们仨》中的一段文字，放在这里，承上也就不启下了：

人间也没有永远。我们一生坎坷，暮年才有了一个可以安顿的居处。但老病相催，我们在人生道路上已走到尽头了。一九九七年，阿瑗去世。一九九八年岁末，钟书去世。我三人就此失散了。就这么轻易失散了。"世间好物不坚牢，彩云易散琉璃脆"。现在只剩下了我一人。我清醒地看到以前当做"我们家"的寓所，只是旅途上的客栈而已。家在哪里，我不知道。我还在寻觅归途。

"走狗文人"梁实秋

半个多世纪以前，有一个人忽然被告知自己上了日本侦缉队的黑名单，于是当即写下遗嘱，连夜逃离北平去了四川，从此数载飘零，妻离子散，苦不堪言。

明眼人一看便知说的是梁实秋，那个长久以来被很多人称作是走狗、乏走狗甚至汉奸的文人。

梁实秋，生于1903年的北京，殁于1987年，号均默，原名梁治华，字实秋，笔名子佳、秋郎、程淑等。中国著名的散文家、学者、文学批评家、翻译家，国内第一个研究莎士比亚的权威，祖籍中国浙江杭县（今余杭）。

让梁实秋名声大噪的有三件事：第一当然是和鲁迅先生的论战，第二则是千夫所指的"抗战无关论"，第三则是风行海内的《雅舍小品》。鲁梁论战一下子使梁实秋成了左翼文人不共戴天的仇人，这就是让他背了半辈子黑锅的那段编者按："现在中国抗战高于一切，所以有人一下笔就忘不了抗战。我的意见稍为不同。于抗战有关的材料，我们最为欢迎，但是与抗战无关的材料，只要真实流畅，也是好的，不必勉强把抗战截搭上去。至于空洞的'抗战八股'，那是对谁都没有益处的。"此言一出，马上就遭到了各方面的曲解和围攻。朱光潜和沈从文，这也是两位书生气十足的先生，在别人"痛打落水狗"的时候，因各自说了几句公道话，结果无端把自己也卷了进去。李敖曾批评晚年的梁实秋太过窝囊，但这其实也是历尽沧桑后的无奈。正如他晚年所说："好不容易抗战胜利结束，大乱又起，避地海曲，万念俱灰。无补大局，宁愿三缄其口。"

青年时代的梁实秋是个关心政治、衷肠激烈的人，在日寇咄咄逼人准备饮马中原的时候，他写了很多慷慨激昂的政论抨击时事。北平未沦陷之前，他在饭桌上沉痛地对自己的大女儿梁文茜说："孩子，你明天吃的烧饼，就是亡国奴的烧饼。"赤子之心，溢于言表。

晚年梁实秋曾说过一生中有四个遗憾：一、有太多的书没有读；二、与许多鸿儒没有深交，转眼那些人已成为古人；三、亏欠那些帮助过他的人的情谊；四、陆放翁的"但悲不见九州同"，现在也有同感。

一声"雷雨"，半世文坛

曹禺（1910—1996），原名万家宝，祖籍湖北潜江。字小石。在清华读书时有"小宝贝儿"的绰号，"曹禺"是他在1926年发表小说时第一次使用的笔名（本姓万的繁体"萬"，拆开是"草""禺"，草字不取，取曹，故名"曹禺"），生于天津一个没落的封建官僚家庭。

曹禺是中国现代卓越的戏剧家。在天津南开中学学习期间参加戏剧活动，曾担任易卜生《玩偶之家》等剧的主角。1929年考入清华大学外文系，广泛钻研从古希腊悲剧到莎士比亚戏剧及契诃夫、易卜生、奥尼尔的剧作。1933年大学即将毕业前夕，曹禺创作了四幕话剧《雷雨》，于次年公开发表，很快引起强烈反响，它不仅是曹禺的处女作，也是他的成名作和代表作，它被公认为是中国现代话剧真正成熟的标志。1936年和1937年，曹禺分别出版了他的重要剧作《日出》和《原野》，曹禺抗战期间的重要剧作是《北京人》，这四部剧被称为"四大名剧"。新中国成立后，曹禺创作的剧本主要有《胆剑篇》、《王昭君》等。

解放后，曹禺长期任文艺界领导职务。1950年春，中央戏剧学院成立，曹禺任副院长，1951年，北京人民艺术剧院成立，曹禺担任首任院长。

曹禺名言

一时强弱在于力，千秋胜负在于理。

我有一种谬论：战士应该死在战场上，作家应该死在书桌上，演员应该死在舞台上。……引申说，一个真正的人，应该为人民用尽自己的才智，专长和精力，再离开人间。不然，他总会感受到遗憾，浪费了有限的生命。

长相知，才能不相疑；不相疑，才能长相知。

景晨鸣禽集

水木湛清华

深圳校友会捐资重修

公元二〇〇一年四月

一身诗意千寻瀑，万古人间四月天

轻柔间 您化身四月/绝世的白莲 一千年才有一见/诗如其人 其人如春天/衣裙淡漫 落了些笑音在梦沿/那回声 像隔山的灯火

这是肖振海在《女人是宗教》一诗中对林徽因的描述。

林徽因，原名徽音，1904年出生于福建闽侯。1920年4月至9月随父林长民赴欧洲游历。1923年参加新月社活动。1924年留学美国，入宾夕法尼亚大学美术学院，选修建筑系课程，获美术学士学位。后入耶鲁大学学习舞台美术设计。在文学方面，她一生著述甚多。1955年4月1日，经过长达15年与疾病的顽强斗争之后，与世长辞，年仅51岁。

20世纪30年代，林徽因住在北京东城北总布胡同时，周围聚集了一批中国知识界文化精英，如诗人徐志摩、哲学家金岳霖、政治学家张奚若、物理学家周培源、考古学家李济、文化领袖胡适、作家沈从文和萧乾等，自美国来华的学者费正清、费慰梅夫妇也加入了进来。这些学者与文化精英常常在星期六下午，陆续来到梁家品茗，坐论天下事。梁家的交往圈子影响越来越大，形成了20世纪30年代北平最有名的文化沙龙，时人称之为"太太的客厅"。每逢相聚，风华绝代、才情横溢的林徽因思维敏锐，擅长提出和捕捉话题，具有超人的亲和力和调动客人情绪的本领。在"太太的客厅"里，林徽因一直是最活跃的人物，读诗，辩论，她的双眸因为这样的精神会餐而闪闪发光。朋友聚会是林徽因生活中的重要组成部分，她的优秀也是因为有他们的欣赏和激励。萧乾回忆说："她话讲得又多又快又兴奋。徽因总是滔滔不绝地讲着，总是她一个人在说，她不是在应酬客人，而是在宣讲，宣讲自己的思想和独特见解，女人敢于设堂开讲，这在中国还是头一遭，因此许多人或羡慕，或嫉妒，或看不惯，或窃窃私语。"

作为中国第一位女性建筑学家，1949年以后，林徽因在美术方面曾做过3件大事：第一是参与国徽设计。第二是改造传统景泰蓝。第三是参加天安门人民英雄纪念碑设计。50年代初，北京市委领导决定大批拆掉大城墙和城门楼，人们都记得梁思成曾为此作了痛苦的抗争，其实林徽因也尽了自己最大的努力。到1954年，林徽因已经病得很重，她仍然拖着颤巍巍的身子去找当时的市委领导辩论。她充满感情地对他们说："你们拆的是具有八百年历史的真古董，将来，你们迟早会后悔，那个时候你们要盖的就是假古董！"历史证明，她说的都是对的。

现代大儒冯友兰

冯友兰（1895—1990），字芝生，河南南阳唐河人。中国近现代著名哲学家，"新理学"创始人，代表作有《中国哲学简史》、《三松堂自序》等。

冯友兰在西南联大教书时，留有长髯，身穿长袍，颇有道家气象。一次他去上课，路遇金岳霖，金岳霖问："芝生，到什么境界了？"冯友兰答："到了天地境界了。"两人大笑，擦身而过，各自去上课了。

冯友兰的《中国哲学简史》本是为西方读者了解中国哲学而用英文写就的，后有法、意、捷、日、朝、中文等译本，且出版后几十年来，"一直是世界各大学学习中国哲学的通用教材。"李慎之先生常说，"中国人了解、学习、研究中国哲学，冯友兰先生是可超而不可越的人物。"

西南联大期间，冯友兰任联大哲学系教授，兼文学院院长。从1939年起，他先后出版了《新理学》、《新事论》、《新事训》、《新原人》、《新原道》、《新知言》，这六部书，构成了一个完整的"新理学"哲学思想体系，冯先生将这些著作总称为"贞元之际所著书"或"贞元六书"，表示其中华民族一定要复兴的坚定信念。以《新理学》为核心的"贞元六书"构成了一套完整的新儒家哲学思想体系。它既是冯氏哲学思想成熟的标志，也是他一生治学的最高成就，并因此而奠定了他作为"现代新儒家"的地位，成为一位继往开来，具有国际声誉的一代哲人。

千古多情吴雨僧

吴宓(1894—1978)，陕西省泾阳县人，字雨僧、雨生，笔名余生，著名文学评论家、教育家、诗人。1917年赴美国留学，先在弗吉尼亚州立大学英国文学系学习，获文学学士学位，次年转入哈佛大学研究生院，师从新人文主义文学批评运动领袖白璧德教授，1921年获文学硕士学位。由于学问超群，吴宓和陈寅恪、汤用彤被称为"哈佛三杰"。

吴宓一生在学术方面贡献巨大。他是第一个把"比较文学"概念介绍到国内的人，开比较文学研究之先河，因此吴宓被视为研究中西比较文学的先驱者，曾发表了《新文化运动》和《中国之新旧事物》等多篇重要的比较文学论文，为比较文学学科的建立打下了牢固的基础。

吴宓还是一位很有建树的红学大师。他对《红楼梦》的迷恋可谓到了痴狂的程度，他经常自比为书中的紫鹃。有这样一段逸事曾广为流传：西南联大期间，有一个牛肉面馆的老板为附庸风雅，给自己的店取名为"潇湘馆"。吴宓知道后，认为这是对林妹妹莫大的侮辱，于是提着手杖跑到店中一顿乱砸，并且强令人家改名。

吴宓终生从教，是一位杰出的教育家。在近半个世纪的教学生涯中，培养出大批学有所成的知名文学家、语言学家、哲学家以及外国文学的研究和翻译人才，如当代著名学者钱钟书、曹禺、李健吾、季羡林、姜亮夫等。

吴宓极力反对新文化运动，坚持用繁体字，而且一定是用毛笔书写；他也是个诗人，同样地，他极力反对新诗，而提倡旧体诗，力主作诗应当"以新材料注入旧格律"；"文革"时，在全国上下齐声一致地打倒孔老二、砸烂孔家店的那个疯狂年代，他却独自站出来振臂高呼尊孔敬儒，因此饱受磨难。

"文革"到来后，吴宓以种种罪名蹲入"牛棚"，到平梁劳改，受尽苦难。

76岁的老人干不动重活，还被架上高台示众，头晕眼花直打哆嗦，被推下来跌断左腿。之后又遭断水断饭之折磨。腿伤稍好，即令打扫厕所。1971年病重，右目失明，左目白内障严重，就只好让他回重庆养病。1977年吴宓已生活完全不能自理，只好让其胞妹吴须曼领回陕西老家，终于使他得到了一些兄妹深情的照顾和温馨，延至1978年1月17日病逝于老家，终年84岁。1981年1月17日，吴宓的骨灰，由吴须曼送至安吴堡，葬在白雪笼罩的嵯峨山下。

大地之子端木蕻良

端木蕻良（1912—1996），辽宁昌图人，现代著名作家、学者、红学家，其书法、绘画亦为人称道。原名曹汉文，又名曹京平，曾用笔名黄叶、罗旋、叶之林、曹坪等。1932年在清华大学学习期间，加入北平左翼作家联盟，同时开始文学创作活动，发表小说处女作《母亲》。1933年开始创作长篇小说《科尔沁旗草原》，成为30年代东北作家群产生重要影响的力作之一。"端木红粱"是曹京平为了避免国民党迫害所起的笔名："端木"是个复姓，又把他印象很深的东北红高粱——"红粱"移作名字，可是身处白色恐怖之中，公开使用"红"字，很容易招来嫌疑。所以，他就将"红"改为"蕻"了。但是"端木蕻粱"不像人名，就把"粱"改作了"良"。这样"端木蕻良"就成了曹京平的笔名。

端木蕻良的作品，从第一部长篇小说《科尔沁旗草原》(1934)开始，包括《大地的海》，中、短篇小说《鹭湖的忧郁》、《遥远的风砂》、《憎恨》、《爷爷为什么不吃高粱米粥》等，大都以东北故乡为背景，展现出在民族与阶级的双重压迫下人民的灾难和战斗。作家怀着忧郁的心情眷恋故乡的土地，为人民所遭受的苦难而愤怒。爱与憎交织的思想基调，贯穿于他的主要作品和人物身上。作品场面宏伟，笔调细致，有些细节描写十分突出；以浓郁的风土人情和方言渲染出强烈的地方色彩。早期有些短篇小说，表现手法简练而含蓄，富有抒情色彩。后期某些长篇小说，过多地追求场景宏大，开掘不深，显得庞杂，但仍然保持着鲜明的地方色彩，端木蕻良被誉为"大地之子"。

为他赢得"大地之子"美誉的土地系列小说，抗战小说，特别是融入他大半生理想和追求的历史小说《曹雪芹》，风格独特，追求风土、人情、性格、氛围的和谐统一，气势恢宏，大家风范，富有传记性、抒情性、语言大众化、口语化，地方色彩浓重，在中国现当代小说创作中，独辟蹊径，别具一格。

中国现代诗歌第一人——穆旦

"……在阴暗的树下，在急流的水边，逝去的六月和七月，在无人的山间，你们的身体还挣扎着想要回返，而无名的野花已在头上开满……"这首《森林之歌——祭野人山死难的兵士》，被评论界称为中国现代诗史上直面战争与死亡、歌颂生命与永恒的代表作。诗的作者，即是我国著名现代派诗人穆旦。

穆旦（1918—1977），原名查良铮（"查"字上边为"木"，下面为"旦"），著名爱国主义诗人、翻译家。出生于天津，祖籍浙江海宁袁花。曾用笔名梁真，与著名作家金庸（查良镛）为同族的叔伯兄弟，皆属"良"字辈。

查良铃(穆旦的妹妹)曾回忆："1929年9月，穆旦考入天津南开学校学习。开始诗文创作，显露文学才华，其刚毅性格和爱国热情也充分显示出来。每逢过年(春节)大家庭中要祭祖先，摆供桌，子孙们要磕头。轮到他，他就不磕。抵制日货时，他就不允许母亲买海带、海蜇皮(当时都是日本进口的)，要是买来，他不但一口不吃，后来还把它倒掉。家中伯父们就议论良铮是'赤色分子'，都怕他。可是在兄弟姐妹、侄子们当中，他的威信很高。他待人真诚、耐心，不怕麻烦，最喜欢教人读书。"

1938年2月至4月，北京大学、清华大学、南开大学由长沙迁往昆明，组成西南联合大学。途中，穆旦写下了《三千里步行》，诗人描写了"一群失去了一切，又把茫然的眼睛望着远方"的一群"鲁宾孙"："他们的血液在和原野的心胸交谈"，"他们不能抵抗那曾在无数代祖先心中燃烧着的希望"。

1940年8月，穆旦从西南联大的外文系毕业，参加了中国抗日远征军，任司令部杜聿明将军的随军翻译，到缅甸去打仗。参加了1942年自杀性的殿后战，陷入热带雨林，蛇蝎遍地，蚂蟥叮咬，白骨累累。还有一次断粮8天之久，几乎饿死。5个月之后，他死里逃生，到达印度。在印度的3个月里，他又几乎因过饱而死去。开头的那首诗即是对那段岁月的回忆。

穆旦在1949年前一共出版有3本诗集：《探险队》，这是他的第一本诗集；《穆旦诗集（1939—1945）》，是他最好的一个作品集；《旗》，选了穆旦的一些最优秀的作品。1941年12月穆旦所作的《赞美》入选人民教育出版社版本语文教科书。诗风富于象征寓意和心灵思辨，将现代主义和中国传统诗歌结合起来，探索新诗的道路，穆旦因此被许多现代文学专家推为现代诗歌第一人。

从20世纪50年代起，由于政治环境的变化，穆旦停止诗歌创作而倾全力从事外国诗歌翻译，他翻译作品时，用的是"查良铮"的名字，写诗的时候，都用"穆旦"的名字。主要译作有俄国普希金的作品《波尔塔瓦》、《青铜骑士》、《普希金抒情诗集》、《普希金抒情诗二集》、《欧根·奥涅金》、《高加索的俘虏》、《加甫利颂》，英国雪莱的《云雀》、《雪莱抒情诗选》，英国拜伦的《唐璜》、《拜伦抒情诗选》、《拜伦诗选》，英国《布莱克诗选》、《济慈诗选》。所译的文艺理论著作有苏联季摩菲耶夫的《文学概论》（《文学原理》第一部）、《文学原理（文学的科学基础）》、《文学发展过程》、《怎样分析文学作品》和《别林斯基论文学》，这些译本均有较大的影响。

在生命的最后时光中，穆旦共留下了20多首绝笔，都是背着家人写的。这些诗都写在小纸片上，夹在随手拿到的书里，藏在挂衣架下，甚至撕碎了扔在纸篓里。

附：节选穆旦诗歌《赞美》

赞美

走不尽的山峦的起伏，河流和草原，

数不尽的密密的村庄，鸡鸣和狗吠，

接连在原是荒凉的亚洲的土地上，

在野草的茫茫中呼啸着干燥的风，

在低压的暗云下唱着单调的东流的水，

在忧郁的森林里有无数埋藏的年代。

它们静静地和我拥抱：

说不尽的故事是说不尽的灾难，

沉默的是爱情，是在天空飞翔的鹰群，

枯的眼睛期待着泉涌的热泪，

移的灰色的行列在遥远的天际爬行。

商界领袖

　　商界领袖，多大气的4个字，禁不住让人联想起意气风发、指点江山这些大气的词汇。一个成功的商人不仅要熟稔专业领域，还要有人际交往能力、市场嗅觉、眼光、魄力甚至人格魅力等诸多软性条件。清华学生给人们的传统印象总是戴着酒瓶底眼镜的工科书呆子，其实不然，粗略统计一下从商的清华学子，清华学生在商业上的成就令人瞩目，新时代的清华学生对时代脉动的把握、魄力胆识远远超乎我们的想象，他们没有受限于专业和稳定工作，在商海中大施拳脚频频出手，翻腾出一片紫色的海浪。

汽车领域

　　汽车产业是国民经济重要的支柱产业，产业链长、关联度高、就业面广、消费拉动大，在国民经济和社会发展中发挥着重要作用。

　　清华的车辆工程专业是中国汽车行业专业教育领域的开山鼻祖。1952年，清华诞生了新中国成立以来最早的汽车类专业——动力机械系内的汽车专业。20世纪80年代，与中国汽车工业总公司联合建立了汽车研究所。不久又建立了汽车安全与节能国家重点实验室，这是我国汽车工程领域第一个国家重点实验室。此外，清华与德尔福公司、上汽集团、华晨集团合作建立了实验室与开发研究院。可以这样说，清华是伴随着中国汽车行业长大的，清华有最好的汽车制造专业，清华汽车制造专业的学生专业素质极佳，很受各大汽车生产厂家的欢迎。无论在历史悠久的国有汽车大厂，还是新兴的汽造企业，一定有清华毕业的工程师、技术骨干，很多还担任起高层管理工作。据不完全统计，中国最大的两家汽车制造厂—— 一汽先后有15名企业领导人毕业于清华大学、二汽（以及东风公司）有12名企业领导毕业于清华大学。其他著名大企业，如第一拖拉机集团、江铃公司、跃进公司、北汽集团和上汽集团也有多名企业领导出自清华。

信息技术领域

众多清华毕业生分布在IT的各个领域，从PC机软硬件到大型机、服务器，从互联网、微电子到电信家电，不仅人数众多，而且多占据企业高层。联想高层管理人员有1/4以上毕业自清华大学；中国最大的民营高科技公司四通集团，其创始人、前任总裁、副总裁、技术总监、财务总监等核心部门负责人皆为清华学生；联通的前任总裁、副总裁、首任董事长、现任董事长、技术部副总经理也都是清华毕业生；还有曙光、用友等软件公司也是清华生云集。在诸多IT名企里，其清华领导人多得几乎可以组成一个班，有的可以重组一个系。

互联网向来是清华学生的主攻阵地，清华毕业生掌舵的网站几乎占据了国内互联网的半壁江山，如搜狐网（董事局主席张朝阳，1986年毕业于清华大学物理系）、大旗网（董事长、CEO王定标，1990年毕业于清华大学电机系）、悠视网（CEO李竹，1989年毕业于清华大学计算机系）、百合网（CEO田范江，2000年清华大学计算机系博士）、中网(总裁万平国1989年清华大学硕士毕业)、e国网（总裁张永青1986年毕业于清华大学物理系）等。

除了在汽车和信息技术两大领域以外，其他领域也活跃着更多清华毕业生的身影。清华人为社会奉献着智慧和勤奋，在各行各业取得了令人瞩目的成绩。

体坛明星

清华的体育明星共分两类，一类是退役后的世界冠军：

★**邓亚萍**　先后获得14次世界冠军头衔；在乒坛世界排名连续8年保持第一，是排名世界第一时间最长的女运动员，成为唯一蝉联奥运会乒乓球金牌的运动员，并获得4枚奥运会金牌，其中包括单打和与乔红组合的双打，后获得清华大学外文系学士学位。

★**伏明霞**　1991年获得跳台桂冠，成为最年轻的世界冠军并被载入《吉尼斯世界纪录大全》；1992年巴塞罗那奥运会上，14岁的伏明霞夺得10米跳台冠军，成为世界跳水史上最年轻的奥运金牌得主，随后成为美国《时代周刊》的封面人物；1996年亚特兰大奥运会上夺得跳台、跳板双料冠军，成为继高敏夺得汉城和巴塞罗那奥运会3米板冠军之后，蝉联跳水冠军的第二人；2000年9月在悉尼奥运会上获得3米跳板单人金牌，并与郭晶晶配合夺得3米跳板双人银牌，她也是我国奥运会历史上第一个在奥运会上实现三连冠的运动员。后在清华大学经济管理学院工商管理班，获学士学位。

★**杨扬**　为中国夺取第一枚冬季奥运会短道速滑金牌，后就读于清华大学经济管理学院。

★**王义夫**　中国第一位连续6次征战奥运会的运动员，在雅典奥运会上获得男子射击10米气手枪冠军，曾就读于清华大学经济管理学院。

★**赵颖慧**　中国射击队队员，曾多次打破女子10米气步枪团体和个人世界纪录，在该项目上与杜丽一起构成了中国队的双保险，现就读于清华大学经济管理学院。

★**田亮** 悉尼和雅典两届奥运会金牌得主、中国跳水队的风云人物，获清华大学人文社会专业硕士学位。

★**诸宸** 12岁就在国际象棋界颇有名气，26岁成为历史上第一位集世界少年冠军、世界青年冠军和世界冠军于一身的女棋手，后就读于清华大学经济管理学院。

清华根据他们的情况，因材施教，有的甚至采取一对一教学，学制也相应灵活，如伏明霞用8年时间读完本科，拿了23项世界冠军的叶乔波用6年时间读完清华MBA（普通学生不会超过5年）。

另一类，则是一些货真价实的通过高考进入清华的大学生，他们就是中国体坛上著名的"清华系"。2005年全国田径锦标赛男子100米冠军，2005年第23届伊兹密尔世界大学生运动会100米冠军，2005年东亚运动会100米冠军，2006年中国十佳劳伦斯冠军奖新人得主……被誉为"眼镜飞人"的胡凯堪称这批大学生运动员的典型代表。

1994年，清华大学以"体脑平衡、追求卓越"作为指导思想开始培养高水平运动员，探索实行以大学为基地，横向与体育系统合作、纵向与中小学衔接的"一条龙"培养模式。经过十几年的发展，清华目前建有跳水、田径、赛艇、射击、篮球、游泳等26个项目的代表队38支，其培养的学生运动员已在中国竞技体育主战场上全面开花，取得了骄人的成绩，被媒体称为"背着书包上赛场"的清华军团。

10多年过去了，清华大学不仅诞生了胡凯这一个明星，亚运会男子10米气步枪个人冠军刘天佑也有"秀才枪手"的美誉，而2005年对清华来说更是一个丰收年，赢了个盆满钵满：在当年举行的世界大学生运动会上，胡凯夺得男子百米冠军；同年的十运会上，清华大学培养出的22名大学生运动员斩获4块金牌和5块银牌；此外梁彤获得九运会跳高铜牌；还有中长跑名将王青、李光明，跳水名将李成伟、王睿……

师生情谊

没有要求，不是义务，但每一位清华学子都会自发地为母校做一些事情，从最早的1919级喷水塔，到现在的清华北美教育基金会，以各种方式回报母校俨然成为每一位清华学子奋斗和成功之后的一项重要选择，自第一届学生毕业起，薪火相传，绵延不绝，甚至成为了清华的传统之一。

在体育馆南侧、马约翰纪念像旁西南处，有一处清华著名的景点1919级喷水塔，这是1919（己未）级学生毕业时献给母校的礼物，也是最早的一批校友纪念物之一。但是名气最大的还是在大礼堂前草坪南端、清华学堂与第二教学楼之间的日晷，这是1920（庚申）级同学毕业时献给母校的纪念物。在诸多清华校园风景纪念册中，这座日晷出镜率最高，甚至可以算得上清华的标志之一。除了这最有名的日晷，清华校园内还有许多珍贵的校友捐赠物，例如，在信息技术大楼的U形庭院前有一段珍贵的硅化木，这段有1.5亿年历史的硅化木是由电子系1985级校友捐赠的，硅化木是古乔木的遗骸，又称树化石，号称"树之祖，木之魂"，经亿万年的沧桑巨变，仍保持着树木的原始形状，年轮清晰、质地细密坚硬，是罕见难得的无价之宝；在医学院东侧，有一条优美的橡树大道，这是时值母校96周年校庆，清华1973级校友集体捐赠的；清华1975级机械系金5班校友则向母校捐赠50年树龄银杏树3棵、珍稀花木绣球3000株，现在也成为清华校园的美丽风景。

除了向母校捐赠纪念物，更多的清华学子、校友会通过捐助贫困学生、设立奖学金的方式表达对母校的反哺之情：泰国华侨廖锡麟（1957年毕业于电机工程系）学长及其夫人姜恩涓（1958年毕业于电机工程系）学长捐资设立的"廖锡麟姜恩涓励学基金"，还有邓锋（美国Juniper公司战略副总裁，美国华源科技协会主席）学长捐赠1000万元人民币设立的"信息科学技术学院人才引进和研究生出国参加国际会议基金"，最著名的当属"清华校友励学金"，是清华校友总会在广大校友，特别是在年轻校友中发起的 一项捐资助学工程：捐赠者每人每年300元或300元以上不等，主要资助对象是家庭月收入100元以下的特困生（占清华目前在校生的10％）。清华是以教书育人为使命的，优秀的学生是其最可骄傲的资本，也是清华百年繁华的根本原因。正是意识到了这一点，清华校友才会在功成名就之时，设立奖学金，捐资助学，给优秀的学生以出国深造和更多的实习机会，免除贫寒学子的后顾之忧，希望通过这种方式来回报母校。

清华前校长张孝文的八字箴言"清华育我，我爱清华"，已深植于每一位清华学子心中。

海外学子

1909年8月，秋老虎的威力依然，630名考生参加了位于北京史家胡同举行、难度极高的一场考试，这是一场决定他们命运的考试，通过这场考试的学子将有资格免费出国深造，所以竞争极为激烈，其难度较之现在的高考有过之而无不及。结果公示后，47名学子榜上有名，他们就是清华历史上第一批留学生。在此之后的百年里，清华源源不断地输出了大批学子。

第二年7月，清华又招考了第二批留美生，从400多名考生中，录取了正榜生杨锡仁等70人，于同年8月出国。同时，还在该年的应考学生中，录取了黄国栋等70多名备取生，准备经过短时间培训，于次年派赴游美。这批学生于1911年2月来校聚齐，建校后即编为第一班高等专科学生在校就读，后经甄别选出63名于闰六月（阳历8月）赴美。以上3批学生学成回国后，颇有一批成为我国各界，特别是科学技术和文化教育界有影响的人物，如第一批的梅贻琦（科学、教育）、张子高（化学）、金邦正（森林）、秉志（农）、胡刚复（数理）、徐佩璜（化工）、唐悦良（教育、政治）、侯德榜（化学），第二批的竺可桢（气象、地理、农业）、胡适（政治、哲学、文学）、施赞元（医学）、张彭春（教育、戏剧）、庄俊（建筑）、赵元任（物理、哲学、语言学）、钱崇澍（植物），第三批的姜立丰（算学）、章元善（化学、社会慈善事业）、杨光弼（化学）、虞振镛（农、土壤）、罗振杰（建筑）、闻一多（文学）等。

从1911年至1929年，清华就先后培养和选送留美生978人，考选直接留美女生53人，专科生(别校大学毕业)67人，总计1109人，此外，还有以"庚款"津贴的留美自费生476人，官费生80人。除了美国，还有诸如法国、德国、英国可以选择，有的留学生甚至有多国留学经历，例如金岳霖（美、英、德、法），周培源（美、德、瑞士）。那时的中国，贫病交加，受人宰割，清华的留学生更多的是抱着"师夷长技以制夷"的目的去读书的，学习用功努力，他们中的很多人都成为出色的学者。学成后，很多人放弃了国外优厚的生活和科研条件，毅然回国，例如物理学家周培源拒绝了美国移民局给予的全家永久居住权。他们回国后，给落后的旧中国带来了当时世界上最先进的科学技术，有很多甚至是当时中国那个学科的引进者和建设者，如茅以升、金岳霖、吴宓、叶企孙、周培源、潘光旦、马寅初、杨廷宝、梁思成、王力等。日后很多人也都成为其所在领域的泰斗级人物，在1955年公布的首批236名中国科学院学部委员中，这一时期的清华学生有34人，占总数的14.4％。

新中国成立后，特别是随着改革开放的加深，出国留学又重新开始流行起来，清华学生出国留学变得更加普及，强国的色彩减弱了，更多的是提升自我、开阔眼界的目的。一批优秀的学子学成之后会选择在外国任教，他们中的很多人都在美国、加拿大等一流的学府中任教，仅在美国，例如普林斯顿、斯坦福、耶鲁、麻省理工等一流大学任教的清华学子就达70余人之多。

出国留学不仅仅是为了读书，还是一个开阔眼界的机会，现在他们所带回来的不仅仅是最先进的科学技术，还有现代的生活方式和思想理念。新一代的清华学子开始走出安静的书斋，成为时代的弄潮儿，他们从业于世界上最前沿的行业，开风气之先。既有国外上市公司的掌舵人，也有华尔街著名的投资人。成为时下中国青年的杰出代表和时代偶像，他们的一举一动为当代青少年所模仿，他们的创业经历也被当代国人津津乐道。

第四章

学在清华

清华之所以受到普通中国百姓的尊重，归根结底还是因为它是一所优秀的学校，能让优秀的孩子到里面接受高质量的教育。那么，优质的师资、高质量的教学、完善的教学配套设施才是学生和家长最为关心的。

一流的师资

　　清华历史上的著名校长梅贻琦曾在自己的就职演说里说过这样一句至今流传的话："所谓大学者，非谓有大楼之谓也，有大师之谓也。"上任之后，果然大力践行其教育理念，招揽名师，延聘人才，造就了清华历史上的一段黄金时代。从那之后，"大师传统"成为了清华最重要的教育理念延续了下来。截至2006年，以各种方式在清华任教的两院院士达140人（中国科学院院士76人，中国工程院院士64人，均居全国第一），在国内遥遥领先。清华大学医学部——清华大学北京协和医学院现有两院院士26人，以较大优势在全国各医科大学（院、部）中列第一。清华现任全职教授中拥有历任国家973计划首席科学家21人，国家863计划首席科学家7人，国家攀登计划首席科学家3人，均居全国各高校之首。在最新一届的国家863计划专家委员会与主题专家组成员中，清华现任教授12人，是第二名的2倍多。这些院士、教授都是在各个科研领域里的佼佼者，但同时也是教学领域里的领头羊：清华先后有13位教授当选全国教学名师，18位教授荣获全国高校青年教师奖，均居全国第一。

　　作为一所工科见长的院校，其工科领域的教师的门槛更是高：在中国工程科学最高奖——光华工程科技奖历届得主中，清华有8位教师获得，超过第二名的2倍；清华全职教授中有国际电气电子工程师学会会士4人，居全国第一；清华全职教授中有美国光学学会会士、美国机械工程师学会会士、英国结构工程师协会会士等7人，居全国第一。

除了延请国内的优秀人才，清华还花大力气聘请各领域国际知名的学者前来清华任教。清华任职教授中有美国国家科学院院士、国家工程院院士11人，有俄罗斯国家外籍院士11人，法国国家外籍院士、瑞典皇家工程院院士、墨西哥工程院院士、荷兰皇家科学院院士、加拿大工程院院士6人，在全国均以极大优势居第一。清华全职教授中有国际欧亚科学院院士3人、国际陶瓷科学院院士2人、国际高校科学院院士2人，以及国际能源科学院院士1人，均居全国第一。这些国际知名的学者不仅为清华带来最前沿的学科动态，还带来了多元化的教学方式、国际化的教学方式。为培养国际化的人才、建设多元化的文化氛围起到了良好的作用。

这些各自学科里的佼佼者在清华亲自为本科生上课。各系还单独聘请2—3名外籍教授来校长期讲学，工业工程系系主任、美国普渡大学Salvendy教授是国际上负有盛名的工业工程领域著名学者，也是清华大学第一位讲席教授；邀请海内外知名专家和业界骨干开设讲座，知名教授、长江学者均为本科生开设研讨课，本科生课程全部由具有高级职称的教师主讲，以保证学生及时了解最前沿的学科动态。

高质量的课程

　　教书育人是大学的本职工作。所以说，课程质量的高低直接决定了一所大学的综合实力。教育部每年进行的学科评估即是对大学教育质量的一次官方评估。在教育部公布的国家重点学科名单中，清华大学（含北京协和医学院）共有22个一级学科、15个二级学科被审核批准为国家重点学科，另有2个学科被批准为国家重点（培育）学科，居全国首位。在国家教育部举办的国家一级学科评估中，清华有13个学科名列全国第一，总数高居全国第一。

　　清华拥有理工科重点学科45个，总数全国第一。其中工学学科获得16个一级学科国家重点学科、2个二级学科国家重点学科，继续保持全国领先。

2005年末，全世界最大的电子行业情报杂志《EETimes》评出了全球十大电子工程院校，清华电子工程系成为大中华地区唯一上榜单位。

2006年10月，由6名国际工业工程领域权威学者组成的评估专家组对工业工程系进行了国际学科评估。评估报告认为：以美国近150所高校工业工程的教学水平为参照，清华大学工业工程系的本科教育达到了全美前20名的水平，研究生教育达到了全美前25名的水平，机械系以满分的成绩居本学科全国首位。

2006年材料科学与工程一级学科全国评估第一，土木工程系获得各类国家级奖励4项、省部级奖励27项，还获得2门国家级精品课程、2门北京市精品课程和4门校级精品课程称号。

理学学科中数学、物理学、生物学等3个学科获得一级学科国家重点学科，在2001年全国重点学科评选中。化学学科获得1个二级学科国家重点学科和1个国家重点（培育）学科，实现了零的突破。

管理学获得2个一级学科国家重点学科，在2000年全国MBA教学评估中，清华获得总评和6个单项评比的全部第一。2003年著名的美国《财富》杂志评选中国最具市场价值MBA，清华经管学院名列榜首。2005年初《经理人》主办的中国MBA商学院排行榜上，清华经管学院名列第一。2005年末在上海揭晓的中国最具影响力MBA排行榜上，清华经管学院再次名列第一。

医学学科获得1个一级学科国家重点学科、9个二级学科国家重点学科和1个国家重点（培育）学科。

人文社科类学科获得3个二级学科国家重点学科，其中专门史二级学科国家重点学科获得批准标志着清华人文类学科建设工作又取得了新的突破。

以下是清华一级、二级国家重点学科名单。

一级学科国家重点学科

数学	光学工程	电子科学与技术
物理学	化学工程与技术	工商管理
控制科学与工程	材料科学与工程	信息与通信工程
计算机科学与技术	核科学与技术	药学
生物学	动力工程及工程热物理	土木工程
建筑学	生物医学工程	水利工程
力学	电气工程	
机械工程	管理科学与工程	

二级学科国家重点学科

数量经济学	影像医学与核医学	环境工程
内科学	分析化学	肿瘤学
设计艺术学	外科学	免疫学
皮肤病与性病学	精密仪器及机械	麻醉学
专门史	妇产科学	病理学与病理生理学

培养"世界公民"

　　世界一流大学都把国际化眼光的培养放在极其重要的位置，加强"海外学习"（Study Abroad）成为世界各国高水平大学教育的共同特点，国际化的科学研究、国际化的师资发展更是世界一流大学共有的鲜明特色。在欧美一流大学中，本科期间到国外学习交流的学生占到1／3以上。2002年6月，欧盟推出Erasmus Mundus计划，旨在推动欧洲范围内不同大学间硕士层次的联合交叉培养；2003年，英国政府提出，将尽力协助所有大学生有海外进修一年的机会；而法国最好的学校——综合理工学院要求其50％以上的学生，要有6个月的海外学习经历；2004年，哈佛大学提出，让每个美国学生到海外吸取经验。

清华大学的目标是建成世界一流大学，清华的学生要走出去。从2004年开始，清华提出了"国际坐标系"，顾名思义就是要在国际坐标系中思考和推进学校的教学、科研和师资发展等各方面工作，而其中一个重要体现就是学生的国际化培养。

为此，清华启动了学生国际培养计划（Tsinghua Students International Education Program)：大部分院系的专业基础课和专业课均采用国际知名出版社的原版英文教材，并实行以英语为主的双语授课，还邀请国外来访教授为本科生示范课堂教学和开设讲座，多数老师也有海外留学经历。

此外，清华诸多院系实行开放式办学：每年选派本科生出国学习，回国后直接免试攻读硕士。软件学院就有超过50%的学生获得了国内外各类奖学金，多名优秀同学被选拔赴香港中文大学、赫尔辛基工业大学进行交换学习；经管学院已有近80所具有国际知名水平的院校进行交换，为近一半的大三本科生提供为期一个学期的海外交换学习机会，这些合作院校包括美国加州大学伯克利分校、澳大利亚悉尼大学、丹麦哥本哈根商学院、加拿大西安大略大学毅伟管理学院、法国HEC等，2008年秋季学期学院共派出72名大三本科生到海外知名大学进行为期一个学期（学费互免、学分互换）的交换学习，约占在校大三学生的近50%；2009年秋季，学院将为大三学生提供100多个出国交换的名额，使一半以上的学生都能实现海外交换学习的梦想；日语专业与多所日本大学建立了友好交流关系，现在日语专业本科生和研究生每年有4—5名学生作为公派留学生赴日本大学留学，品学兼优的学生除可享受由政府和学校提供的各种奖学金和助学金外，每年有15名学生可以享受到日资企业的高额奖学金。

在研究生培养上，每年选派优秀研究生出国学习一年，然后回清华完成硕士论文，可分别获得两校授予的硕士学位，例如，建筑学专业与美国哈佛大学和麻省理工学院、德国柏林工业大学和斯图加特大学、英国牛津大学和剑桥大学、荷兰戴尔夫特大学、意大利罗马大学等名校签订联合培养协议，派出高年级本科生和研究生赴海外学习；生物医药工程已启动与美国约翰-霍普金斯大学、德国汉堡大学联合培养博士生的项目。

每年都有国外大学的师生来清华举办联合设计专题，如建筑学院的清华 – 麻省理工学院联合设计专题，清华 – 宾夕法尼亚大学北京城市设计联合设计专题等。哈佛大学、加州伯克利、谢菲尔德大学、德国慕尼黑工业大学、新南威尔士大学、东京大学等也在清华举办联合设计专题。

优越的实习机会

　　现在大学生找工作很大的一个障碍就是要求工作经验，而对于操作性强的工科、新闻等专业来说，实习就是学习的一部分，所以，一个好的实习机会至关重要。

　　在清华，许多老师本身就是一个巨大的资源库，有足够的资源帮助学生寻找实习机会；许多院系与政府机关、国内外知名企业签订协议，学院和企业联合指导学生实践，优秀学生被实践基地直接留用，实习和就业进行有机结合：建筑学专业与新加坡和美国等国著名建筑设计事务所签订协议，每年选派约10名本科生前往进行建筑师业务实践，与新加坡著名建筑设计事务所签订协议，每年选派6名学生前往进行兼职业务实践；软件学院先后有7名本科生赴全球著名的软件公司——印度软件巨头Infosys公司进行实习，法学院在河北、新疆等地法院建立了社会实践基地，引导学生利用假期深入基层进行社会实践活动。

人类智慧的宝库——图书馆

我在许多学校上过学，最爱的是清华大学；清华大学里，最爱清华图书馆。

——杨绛《我爱清华图书馆》

在以自学为主的大学里，图书馆很大程度上承担了老师的职责。所以没有一座"大"图书馆的大学是不好称"大学"的。清华一直以来都很重视图书馆的建设。至2003年底，清华图书馆馆藏总量已经超过300万册（件），文摘索引类二次文献已基本覆盖学校现有学科，中、外文学术性全文电子期刊逾25000种。值得一提的是，清华大学收藏古籍善本无论是数量还是质量都在海内外古籍界有一定的影响：目前珍藏有古籍28000余种，近300000册，其中被《中国古籍善本书目》收录1885种、孤本425种。收入《清华大学图书馆藏善本书目》4623种5086部。这些古籍文理兼优，四部咸备。自1999年以来，学校又相继建立了人文学院分馆、经管学院分馆、法学院分馆、建筑学院分馆、美术学院分馆等专业分馆。自1998年以来，图书馆在继续增加印刷型馆藏的同时，大力发展电子资源，已形成了以自然科学和工程技术科学文献为主体，兼有人文、社会科学及管理科学文献，包括中外文图书、期刊和报纸合订本、音像制品以及计算机文档等在内的多种类型、多种载体的综合性馆藏体系。

进入20世纪90年代，清华图书馆的自动化、网络化建设取得了重要进展。逐步建立起比较先进、完备的信息基础设施：先后引进了ILIS、INNOPAC图书馆集成管理系统，通过网络提供馆藏中外文图书和期刊目录的公共查询，馆内业务工作如采购、编目、期刊管理以及流通等业务均在INNOPAC管理下进行，只要输入你想找的书目或者关键字，轻轻一按，就知道在哪里了；还建立了光盘网络查询系统，通过校园网为全校师生提供文献信息检索服务。

图书馆有良好的网络应用环境。普通阅览室配备了大量的网络端口和计算机终端，大部分公共区域都可以无线上网。图书馆每天24小时不间断地提供网络信息服务，学校师生可以在校园网上的任意客户端自由访问各种数据库资源或自行预约和续借图书。师生还可以通过馆际互借与文献传递服务从国内外图书馆获得本馆没有的信息资源。

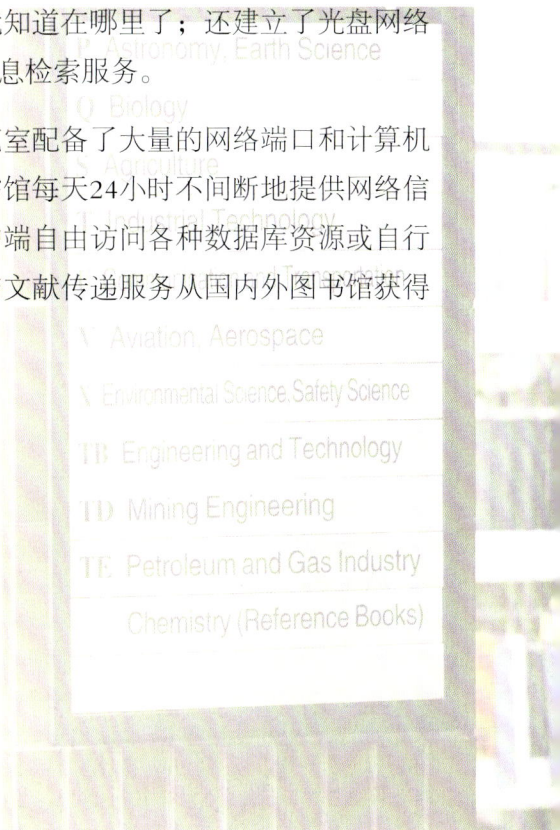

人类科技的摇篮——实验室

人类有多少发明是在实验室里诞生的?

电灯、扫描隧道显微镜、同位素、量子论理论、晶体管、激光器、人工合成胰岛素、人类基因图谱、克隆羊……这些赫赫有名的发明无不是诞生在那个小小的试验台上的。

作为人类大脑的实验室,其课题水平、设施设备、人才储备,可以看做是一所大学科研水平的重要标志—— 一所真正高水平的理工科大学不一定有设施齐全的大楼,却一定会有设施齐全的实验室。作为最具科技创新竞争力的中国大学,清华的历年发明专利申请总量居全国高校第一,自2001年以来,国际三大权威科技论文检索系统SCI、EI和ISTP收录中国高校论文数,清华全部名列第一,这些成绩的得来很大程度上依靠清华高质量的国家重点实验室和教育部重点实验室。没有高质量硬件设施,那些发明专利、科研论文是不可想象的。

作为国家科技创新体系的重要组成部分,国家重点实验室是国家组织高水平基础研究和应用基础研究、聚集和培养优秀科学家、开展高层次学术交流的重要基地。清华(含协和医学院)目前共有19个国家重点实验室,总数全国第一;15个教育部重点实验室,总数全国第一。与清华共建"清华大学北京协和医学院"的协和医科大学(清华大学医学部)拥有6个部重点实验室,数量居全国第一。清华还拥有1个科技部重点实验室,4个北京市重点实验室。实验室评估实行淘汰机制,对较差实验室实行一次评估淘汰制,2009年11月清华大学参评的集成光电子学(与吉林大学和中科院半导体所共建)和精密测试技术及仪器(与天津大学共建)两个国家重点实验室在2007年信息科学领域国家和部门重点实验室评估中，均被评为优秀。这些实验室都有由高级职称研究人员和千余名在校研究生组成的研究队伍，承担了大批"973计划"、"863计划"、国家自然科学基金重大项目和重点项目、与企业重大科技合作项目和海外合作项目，并且开出了一朵又一朵丰硕的科技之花：地面军用智能机器人（1998年获国防科工委科技进步奖一等奖），高性能片式电感用低温烧结软磁铁氧体（教育部科技进步一等奖），大容量指纹自动系统的研究、完善和推广应用（1998年获公安部科技进步二等奖）……

清华大学国家重点实验室

清华大学本部

摩擦学国家重点实验室

汽车安全与节能国家重点实验室

智能技术与系统国家重点实验室

微波与数字通信技术国家重点实验室

新型陶瓷与精细工艺国家重点实验室

煤的高效低污染燃烧国家重点实验室

一碳化工国家重点实验室（清华分室）

精密测试技术及仪器国家重点实验室

化学工程联合国家重点实验室

集成光电子学联合国家重点实验室

环境模拟与污染控制联合国家重点实验室

生物膜与膜生物工程国家重点实验室

电力系统及仿真国家重点实验室

高坝大型结构国家重点实验室

粒子技术与辐射成像国家重点实验室

原子分子测控科学研究中心

清华大学协和医学院

分子肿瘤学国家重点实验室

实验血液学国家重点实验室

医学分子生物学国家重点实验室

教育部重点实验室

先进材料教育部重点实验室

破坏力学教育部重点实验室

生命有机磷及化学生物学教育部重点实验室

单原子分子测控教育部重点实验室

量子信息与测量教育部重点实验室

水沙科学教育部重点实验室

传热强化与过程节能教育部重点实验室

生物信息学教育部重点实验室

结构工程与振动教育部重点实验室

先进反应堆工程与安全教育部重点实验室

普适计算教育部重点实验室

有机光电子及分子工程教育部重点实验室

先进成型制造教育部重点实验室

蛋白质科学教育部重点实验室

四点一线的生活

中国的孩子10年寒窗苦读，大学生活往往是在很松懈的状态下度过的，但如果你上的是清华，那就别想"轻松"地过日子，和一群全国各地拔尖的学生一起竞争，学习的压力一点也不比高中小。

俗话说，上山容易下山难，可是进清华难，出清华也不易。要想顺利从清华毕业，毕业设计和毕业论文是需要狠狠地下一番苦工夫的。就好像知名企业总要狠抓质检一样，大学的最后一道质检程序就是毕业论文。在"复制+粘贴"成风

的今天，清华对毕业论文质量严格要求的做法实属难得，即是要"真刀真枪地做毕业设计"。蒋南翔任清华校长时，像密云水库这样的设计，苏联专家认为只有权威才能承担，但蒋南翔硬是让学生们参与完成了重任。从那时开始，"真刀真枪"做毕业设计，就成了清华传统延续至今。

在清华，你会有最好的老师、最新的图书资料、最先进的实验室以及最浓郁的学习氛围，你会有与其他大学学生相比更多做交换生和去知名企业实习的机会，优秀本科毕业生可直接攻读硕士、博士学位，优秀师资、便利条件的背后却是年复一年、日复一日的刻苦努力，这怕是清华外的人所想象不到的吧?! 这才是最真实的清华生活。

"食堂——宿舍——图书馆——教室"这种四点一线式的生活是最真实的清华生活。丰富的课外活动设计不出核反应堆设计图，轻歌曼舞、花前月下承担不了厚重的发明专利。唯有艰苦的学习，才是清华成为今日之清华的根本原因。清华二字，前面是令人赞叹的荣耀，后面是不可言说的勤奋。

奖助学金制度

　　为了吸引更多的优秀学生报考清华，报考清华的优秀考生可以获得高额的奖助学金。清华新生奖学金分成两等，一等是奖励各省市的文理科状元以及在国际上获得奥赛金银奖的学生，对他们的奖励金额为4万元，分4年发放。二等新生奖学金的奖励金额为2万元，各省市文理科高考成绩2—10名以及全国学科奥赛一等奖的学生可获此奖。清华还为优秀新生设立了"海外研修奖学金"，使获得一等新生奖学金的同学获得在大一期间免费出国研修的机会。

　　为了帮助家境贫寒的大学生安心完成学业，从2008年8月起，清华大幅提高对特困生的资助力度，所有考入清华的本科特困生，每人每年获得的各类资助总额达到11000元。这一政策将惠及清华学生中10%左右的特困生。对于占全校学生15%的、尚未达到特困程度的普通困难学生，清华大学资助体系也将为其提供相应的经济支持，包括助学金、奖学金、勤工助学和困难补助等。资金来源主要是政府奖助学金、学校财政拨款、清华校友捐款和社会各界的捐赠。除此之外，困难学生还可以申请国家助学贷款。除了校方和政府的资助，许多校友和企业设立的奖学金也纷纷对经济拮据的学生伸出援助之手，最著名的是由钱钟书、杨绛和他们的女儿钱瑗设立的"好读书奖学金"，以奖掖那些好学上进、成绩优秀的学生。

　　此外，各个学院也都有自己独立的学院奖学金。法学院奖学金就有19种之多，包括明理奖学金、中伦金通论文奖、岳成奖学金、金杜奖学金、理律奖学金、法双零奖学金、香港—清华法学院之友奖学金、港澳台侨单项奖学金、社会工作单项奖学金、科技单项奖学金、光华奖学金、香港城市大学校长奖学金、

NOKMektron奖学金、清华大学综合优秀奖学金、古赵文化奖学金、梅贻琦纪念奖学金、通用电气奖学金、董氏东方奖学金、东芝奖学金。新闻传播学院的"人民网奖学金"，是人民网在清华大学新闻与传播学院设立，旨在进一步加强新闻传媒业界与学界的合作，加强人民网与清华的联系和合作；"清华—杜孟奖学金"，由法国人杜孟捐资成立，由奖学金设立方每年选取一个主题，面向清华大学新闻传播学院的所有学生展开论文征集，获奖论文的作者将赢取该项奖学金。

与普通大学相比，清华的奖学金也表现出了"通才教育"的风范，种类繁多，奖励各个领域优秀的人才，比如，有专门为田径成绩优异的在校学生设立的"夏翔纪念奖学金"基金。

清华目前已经成立了200多种校友励学金，有以年级班级命名的，有以地区命名的，有以老师命名的等，比较特别的是一个名叫"22F6"的励学金，这个校友励学金是住在22号学生宿舍楼6层的校友一起集资的。有如此种类繁多的奖助学金，可见，一个学生只要在校内认真学习，都能获得一定程度的奖励，有的学生的奖助学金数量甚至可以支撑他一年全部的学费、住宿费、基本生活费。

领先的排名

　　《中国大学评价》是由中国管理科学研究院向全国1927名4448人次的专家(中国科学院院士、中国工程院院士、国务院学位委员会学科评议组成员、国务院或国务院学位委员会批准的博士研究生导师)咨询，对1000多所大学的10年跟踪研究后制作的，评价内容包括本科大学排名、专科大学排名、大学研究生院排名等100多项指标。在《2010中国大学评价》中，清华大学再列榜首，北京大学、浙江大学分别获得第二、第三名。至此，在《中国大学评价》中，清华大学已经连续14年位居榜首。清华大学以研究1型、工学第一名、管理学第一名、医学第二名进入中国一流大学，总分列全国大学第一名。清华大学的工学、管理学、医学为A++级，理学、法学、文学为A+级，哲学、历史学、经济学为A级；理学的数学与应用数学、信息与计算科学、应用物理学、生物科学、生物技术、微电子学专业，工学的高分子材料与工程、材料科学与工程、机械工程及自动化、车辆工程、测控技术与仪器、核工程与核技术、电气工程及其自动化、自动化、电子信息工程、计算机科学与技术、电子科学与技术、生物医学工程、软件工程、建筑学、土木工程、建筑环境与设备工程、给水排水工程、水利水电工程、环境工程、工程力学专业，医学的临床医学专业，法学的国际政治专业，文学的英语、绘画、雕塑、艺术设计学专业，管理学的信息管理与信息系统、工业工程、工程管理、工商管理、会计学专业是A++级。

　　创新环境是评价各大学研究生平均占有的科研成果数量的指标，该指标用于评价各大学研究生的平均质量。学校的创新环境越高，培养的研究生平均质量就越高，越值得报考。2009年，中国共有37所研究型大学。将37所研究型大学的平均创新环境列为1，创新环境高于或等于1的为研究1型，其余为研究2型。清华大学以2.2503分位居创新1型学校里的第一位。

大学研究生院排行榜中，清华、北大、浙大连续9年蝉联三甲，其中清华稳居第一。

英国《泰晤士报》与英国著名高等教育研究机构QS(Quacquarelli Symonds)联合进行的2009年世界大学评估中，美英两国大学席卷榜单高位，中国香港有3所大学进入榜单前50名，而中国内地只有清华大学进入前50名。而清华的某些学科更是呈异军突起之势，一枝独秀，其学科排名跻身国际行列。2006年10月，由6名国际工业工程领域权威学者组成的评估专家组对工业工程系进行了国际学科评估。评估报告认为：以美国近150所高校工业工程的教学水平为参照，清华大学工业工程系的本科教育达到了全美前20名的水平，研究生教育达到了全美前25名的水平；固体力学团队近10年来在多项重要指标上已经跻身世界前10名。

麦可思(MyCOS)公司是专业教育数据咨询公司，是联合国教科文组织产学合作教席常务理事单位，每年出版为教育管理机构参考的《中国应届大学毕业生就业报告》，为《中国教育蓝皮书》、《中国社科院—中国社会蓝皮书》提供大学毕业生分析报告和数据支撑。"麦可思-2009"211院校就业能力前50名中，清华大学的学生位列第一，薪资水平排行榜中，清华大学毕业生以5339元（毕业后半年薪资）高居榜首，500强企业就业排行榜中，清华大学以2280人独占鳌头。

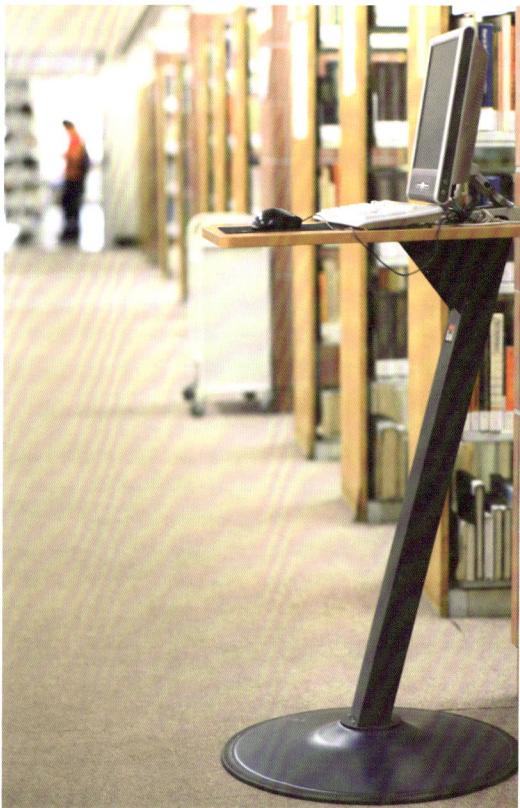

高就业率

　　衡量一所高校会有很多标准，但对于公众来说，最关注的指标显然是毕业生的就业情况，清华的就业率、就业能力、薪资水平等各项指标在各年度的各种排名中，从来就是当仁不让的第一名。其实，就业显然不是这么几个指标就能衡量的。

　　学生就业，不仅仅是找一份工作那么简单，学生总体的就业结构事关学校长远发展，针对某一个学生或者一个群体的学生进行专门指导，事关这些学生的长期发展。因此，学校设有集教育、指导、服务、管理于一体的就业指导中心，以帮助学生了解就业市场，明晰就业政策，获取招聘信息，拥有更多选择，掌握择业技巧，规划职业生涯，树立正确的人生观、价值观和择业观，积极到国家重要行业和领域建功立业。清华大学就业指导中心是全国高校最早开展就业指导和职业辅导的学校机构，经过多年的努力，中心已形成一支专业化、高水平的教师队伍，建立以本科生"大学生职业生涯规划"、"大学生创业基础"和研究生"职业能力拓展训练"为主的课程体系，打造"职业辅导活动月"、"职业生涯教练计划"等品牌项目，并在全国高校中率先开发引入网络测评系统和职前网络教育学堂，形成了立体化、多层次的职业辅导和指导体系，取得了一批高水平的成果，在高校就业工作领域产生了良好反响。

　　同时，学校还建立了较为完善的就业服务体系。清华毕业生

的优良素质得到社会的广泛认可。毕业生的供需比和就业率一直保持较高水平。2009年，本科生和研究生的就业率均在96%以上。在充分选择的前提下，有近8成的毕业生选择到国家重要行业和领域就业。2010届毕业生共有6000余人，其中就业人数在3300人左右。近8成的就业毕业生赴国家重点企事业单位工作，超过400名毕业生应聘各地基层选调生、大学生"村官"、征兵入伍、北京社区工作助理和科研助理项目，就业率达97.9%，赴北京以外地区就业的毕业生比例达到44.4%，创近年来的新高。

提高就业质量一直是清华就业工作的核心。学校大力倡导国家至上、事业为

先，立大志、入主流、上大舞台、成大事业的价值观和择业观，鼓励和支持毕业生自觉把个人的发展同为国家和人民建功立业结合起来。因为不同的选择使人生呈现出完全不同的格局，那些祖国最需要的行业和地域将是清华学子大展宏图的地方。在行业上，学校提出将"重点高校、重要科研院所、特大型国企、重要军工单位、主流媒体、重要金融机构、部队、党政机关"等8类机构作为毕业生就业的重点引导方向；在地域上，加大力度引导毕业生到北京以外的地区就业，尤其以基层和国家重要发展地区（中西部、东北）作为工作重点。

如今，大学生就业是全社会共同关注的焦点，在"毕业即失业"的今天，就业是否是身负顶尖名校名声的清华最短的一片木板呢？清华的学生毕业后有哪些去向呢？又呈现什么特点呢？

考研人数多

清华大学由于采取本、硕连读政策，即4年本科毕业时，成绩优秀的学生可被直接推荐攻读硕士研究生，加之清华以工科见长，这些学科学生继续深造的必要性很大，所以清华学生攻读硕士学位的比例相当高。1997年清华1113名本科毕业生考取硕士研究生，占当年本科毕业生总数的46.3%，到1998年清华本科毕业生攻读硕士学位人数达1370人，占本科毕业生总数的55.6%，随着就业形势的恶化，此比例更是一直上扬，现在大概稳定在70%左右。

出国读研人数多，受海外大学热捧

清华每年的毕业生里，大约70%选择在国内读研，15%选择出国深造，这个比例在全国大学里可谓名列前茅，无论数量还是质量在全国都遥遥领先。不仅出国人数多，而且录取的学校多为世界一流大学。2005年生物系40多名本科生申请出国留学，结果收到全球各大名校137份全奖录取，超过了中国另3所著名大学生物系获得 offer数量的总和，2002年清华电子系一名本科生被著名的哈佛大学医学院录取为全奖博士生，这种工转理的跨专业奇迹目前只在清华发生过。从以上这几个例子可以看出，清华学生所获得的全奖录取不仅数量特别多，而且学校质量高，学科范围广，比如哈佛大学、麻省理工学院、加州大学伯克利分校、普林斯顿大学、斯坦福大学等超一流大学，清华录取的学生专业广泛地分布于数学、物理、生物、化学、天文、电子、计算机、材料、化学工程、土木工程、机械工程、建筑和城市规划、核能、法律、教育、社会学和历史等学科。

这些留学生在毕业后有的会选择在美国就业，凭借着自己的好学与勤奋都能取得很好的工作，生活甚至比许多美国人都好。

还有很多留学生在异国他乡开始创业，以一种更大胆的方式实现自己的人生价值。Netscreen，全球第三大的网络安全设备公司，是由3位清华大学的海外留学生共同创建的，其现任CSO（首席策略官）邓锋，副总裁柯岩均是清华大学旅美留学生，公司在3个月内融资200万美金，公司从成立到产品上市前后间隔不到8个月时间，这可以说得上是清华海外学子创业的典范。

就业人数少，且供不应求

由于考研、出国的影响，清华可参加就业分配的本科毕业生人数大为减少，仅占实际本科毕业生的15%。每年毕业生的供需比在1：4到1：8之间，反映了用人单位对清华学生的需求较大。部分热门专业如建筑、计算机、通信等供需比达

1：20甚至1：30或更高。在可分配本科毕业生中，其主要流向为：55％左右的毕业生进入企业（其中进三资企业的为10％左右），2％进入国家机关，近20％的毕业生进入高校、科研单位。

经济危机来袭之日，清华大学依然保持高就业率。清华大学2009届毕业生就业率超96％，其中8成以上毕业生在国家重点企事业单位工作，比2008年同期提高25个百分点。其中应聘基层选调生项目、大学生"村官"项目、征兵入伍项目、北京社区工作助理项目和科研助理项目的毕业生总数超过300人。

就业能力位列第一

"中国高等教育追踪评估系统"课题组发布其最新完成的北京应届大学毕业生求职与工作能力调查。调查结果显示：清华大学毕业生的就业能力指数最高为100％，其毕业生就业能力最强，薪资中位值(50％的人高于或等于此值，50％的人低于或等于此值)为每月4000元。而北京"211工程"院校毕业生毕业半年后的平均就业率为90％，薪资中位值为每月3000元；北京其他本科院校毕业生毕业半年后的平均就业率只有89％，薪资中位值为每月2700元。

"麦可思-2009"211院校就业能力排名前50名中，清华大学的学生位列第一，薪资水平排行榜中，清华大学毕业生以月薪5339元（毕业后半年薪资）高居榜首，500强企业就业排行榜中，清华大学以2280人独占鳌头。

硕果累累

在清华，你会有你所学习领域的顶尖老师，会有最先进的实验室，可以在包罗万象的大图书馆里查到最新的资料和珍贵的图书资料，还可以直接去这个学科最发达的院校深造，如果你的成绩优越，还可以获得高额奖学金，所有的这一切，造就了清华的累累硕果，造就了清华的桃李芬芳。

冯友兰曾在《论大学教育》一文中这样说过：大学既是教育机关，又是研究机关。作为学校的清华在每年的高考中吸引半国英才"尽入吾彀中"，毕业后学生的社会成绩更是骄人耀眼，政界、商界、学术界行行拔头筹。那么作为"研究机关"的清华成绩又如何呢？

占领纳米科学的制高点

被称为21世纪的科学技术——信息科学、新材料科学、分子生物医学和自动化技术，其共同特点是功能智能化和结构尺寸纳米化。可以这么说，21世纪将是一个"纳米化"的世纪。分子纳米科学，亦称单个原子分子测控科学与技术，是比纳米科学技术更深一层次的基础性新学科，属于21世纪的前瞻性学科与技术。基于对该学科的重要性和前景的深刻认识，清华大学创建了我国在此科学领域第一个研究基地——单原子分子测控教育部重点实验室。自实验室成立来，筚路蓝缕，创造了辉煌的科技成就。在基础研究方面，取得了诸多世界第一：在国际上首次获得了第二电离阈附近纯的稀土原子双里德堡态谱，在国际上首次给出了原子双里德堡态相对激发截面的定量结果，在国际上首次提出了原子双里德堡态的自电离规律……在应用研究方面更是硕果累累：在地球环境科学方面，在国际上首次将南极大陆冰盖层中重金属元素铅（环境污染重要标记）的极微含量精确测定出来，测出了铂族元素Ru与Ir的相关性值，为6500万年前导致恐龙灭绝的小行星撞击地球的重大天体事件提供了重要证据，将激光单原子探测超灵敏的观测手段，应用于地下深层的贵金属勘探；在医学生物领域，研制成功我国第一台光学相干CT（OCT），OCT是人们第一次既能对活体表层进行层析，深入人或动物

的血管以及其他器官内部，以视频速度和接近光速衍生极限的分辨率进行三维成像，研制成功了我国第一个分子雷达（MR）。这些成果受到了国家和国际同行的高度认可，获得许多荣誉，先后获得国家教委科学技术进步奖（甲类）一等奖、二等奖2项，国家"七五"科技攻关重大成果奖（1991年），国家"八五"科技攻关重大成果奖（1996年），美国《C&EN》中国十大科学新闻第二项（1992年），被列为《China Daily》1991年度中国十大科学新闻。

核研院：一己牵动万人身

50多年前，科学家发现铀-235原子核在吸收一个中子以后分裂会释放出大量能量，称为核裂变能，也就是我们所说的核能。根据此原理人们制造了原子弹，建立了核电站，从此核元素便从自然界中一种化学元素上升为一种关乎国际政治力量对比的元素。基于新中国成立后的国际形势，面对帝国主义的核讹诈，我国从第一代领导人起就非常注重发展核工业，至今依然如此。1964年10月1日，正当游行队伍在天安门广场热烈庆祝新中国成立15周年的时候，燕山脚下，清华大学的一批青年教师、学生启动了我国第一座自己设计、制造与安装的原子反应堆，作为赠送给祖国母亲的一份特殊的生日礼物，该反应堆在扩大用途、自动化程度和安全性等指标上，均超过了外国原参考设计的水平；1966年上半年，清华大学采用溶剂萃取法核燃料后处理技术成功提取了金属钚（核燃料），当时美法等国已采取溶剂萃取法作

为核燃料后处理技术的主要方法，而我国在这方面还是一片空白，当时清华在承担此任务之初基本上没有专职科研人员（都是当时的老师和应届毕业生），连最关键的实验材料也是从苏联订到了1克，才开始了自主研发之路；1996年1月，清华大学核能技术设计研究院研制的钴-60集装箱检测系统通过国家验收，使我国成为继英、法、德之后第四个可以制造这种系统的国家，其数字辐射照相技术属国际首创，比起国际同类产品，拖动系统简化，保修费用少，辐射水平低，工作现场辐射量仅为国家对公众剂量限值的10%；2000年12月21日，清华大学核研院承担的10兆瓦高温气冷实验堆在该院建成并达到临界，这是我国第一座高温气冷实验堆（此反应堆在任何时候都不会发生切尔诺贝利核事故那样的严重事故，经济性也十分突出），清华通过自行研究、自主设计、自主制造、自主运行，建成了世界上第一座模块式球床高温气冷堆，这是全世界最先进、最安全的第四代核能系统，曾与神舟飞船一起写进当年总理政府工作报告。德国核学会主席曾这样评价清华高温气冷堆："当高温气冷堆示范电站开动的时候，清华大学，核研院，还有反应堆建设的地方，将成为来自世界各地的原子能朝圣者尊敬的圣地！"

工程力学样样红

1976年7月，应当时医科院的要求，清华大学工程力学系承担起了为毛主席研制不用臂套打气的血压计的任务，这在当时世界上都是一个未解决的难题，但清华科研小组用了两个多星期的时间就研制出了新型电子血压计，不用臂套打气，简便易操作，且测量精度高。在新型电子血压计研制成功之后，清华成立了生物力学实验室，于1986年研制人工心脏瓣膜试验台成功，连美国的瓣膜公司和日本早稻田大学都要前来购买，卫生部药品生物制品检定所把它作为人工心脏瓣膜国家检测中心的重要设备。1990年11月7日，中央电视台《晚间新闻》向全世界宣布清华大学在国内首次完成了"压力堆核电站三套液体冷却循环系统水锤模拟计算实验研究"的成果，宣布清华在水锤分析方面达到国际水平，相继为秦山二期核电站、大亚湾核电站完成了水锤分析任务，使我国的核电站有了安全评审的依据，有效避免了美国南加州圣俄诺费尔45万千瓦压水堆核电站的水锤大爆炸类似事故。

2004年7月，由中国青年报社与北大青鸟组建的中青报业，以及中国科学评价研究中心联合推出的《中国高校科研竞争力评价报告》一文指出：清华大学以科研投入、产出、效率三项第一的绝对优势，成为最具科技创新竞争力的中国大学；国家三大奖（国家技术发明奖、国家自然科学奖和国家科技进步奖）是我国唯一的国家级科技奖励，迄今为止清华一共获得328项奖励，超过第二名3倍，清华获得国家三大奖一等奖以上的高等级奖励15项，居全国第一，其中代表全国最高科技水平的国家技术发明一等奖（曾连续空缺7年），清华以唯一单位获得两项，居全国第一；中国专利奖是我国唯一的专门对授予专利权的发明创造给予奖励的政府部门奖，在历届中国专利奖评选中，清华共获得10项金奖（9项为第一完成单位），总数在全国遥遥领先，为第二名高校的5倍。

纵观清华百年科技史，从航空航天、核工程这样的尖端科技领域，到密云水库、长江三峡库区泥沙治理工程这样的省级、国家级大型工程，再到程序控制铣床、大型火电机组仿真系统、贝氏体钢的这些关乎民生的技术发明，从大到小，从尖端科技到民生工程，从国防军事到日常老百姓过日子，无不是以民生为出发点，这些科技发明、科研成果无时无刻不在改变、保障着你和你周围人的日常生活……我们普通人幸福的生活也许就是清华最好的成绩单吧！

小资料

核燃料后处理技术是提取核裂变材料钚的关键技术，以色列、利比亚等很多国家都掌握了原子弹技术，但是做不出来，就是因为没有核燃料，这项研究的重要意义可见一斑，而由一所高等院校完成如此重要的科研任务在世界上也是很少见的。

第五章

生活在清华

在清华，除了紧张的学习之外，还有很多有趣的事情值得一说，比如，天南地北的各色美食，带有十足清华特色的校车，条件超好的学生宿舍，种类繁多的社团……

吃在清华

食堂篇

清华食堂命名史

清华大学是一所历史悠久、文化底蕴深厚的知名高等学府，这样一所学校的庖厨自然不仅仅要有饭香气，还要有书香气。历史上，清华校食堂曾简单地以编号命名，可谓是真正贯彻了"理工科学校"的严谨精准的精神：从一食堂到十五食堂，清晰准确。但随着学校的发展，人文精神日益深入人心，改名后的学校食堂名称优美明快：教工食堂分别为荷园、寓园、南园、家园、北园，紫荆区的两个食堂命名为紫荆园和桃李园，紫荆东区的两个食堂建成后，分别以芝兰和玉树为名。

清华对其余5个学生食堂进行命名征集，发动广大师生积极参与命名，海选来信数百封，最后决定把那5个食堂分别命名为听涛园、丁香园、闻馨园、清芬园和观畴园。这些名字不仅仅是食堂的代号，这里面还寄寓了清华的人文历史底蕴。

丁香园原名十四食堂，1987年1月落成。来源于清华校花紫荆和白丁香。这样学校北部的几个食堂的名称形成花草为主的格局：紫荆、丁香、桃李、芝兰、玉树。

观畴园原名清华大学饮食广场。据考证，1707年康熙皇三子兴建熙春园，

后乾隆帝将其扩建，内务府档案称园内有良田150亩。在今天的西大操场和大礼堂附近，乾隆帝在田边兴建观畴楼并多次题诗吟咏农事。今观畴园正位于200多年前的皇家试验田之侧，其名寓清华师生不忘稼穑之艰、农人之劳。

听涛园原名十食堂。因其坐落于万泉河之东，西侧有杨柳百株，西南侧又有草坪逶迤，竹林丛丛，清风徐来之际，涛声阵阵，故名"听涛园"。

闻馨园原名十一食堂。《说文解字》云："馨，香之远闻者也。"将该食堂命名为闻馨园，既寓食堂饭菜香气远播之意，又与观畴、听涛二园相呼应。这样在学校东西一线3个食堂分别用观、听、闻来命名，观畴、听涛、闻馨。

清芬园原名七食堂。清芬之名源于"清芬挺秀、华夏增辉"的石刻。"清芬"二字还是朱自清先生民族气节的写照。1988年，朱自清先生90周年诞辰之际，江泽民同志曾赋诗纪念："背影铭文四海闻，少年波老更情亲。清芬正气传当世，选释诗篇激后昆。"该食堂命名为清芬园，其意在激励吾侪后昆自强不息。

食堂里的幸福大嘴

只要是饭点，大学食堂像个熙攘热闹的市场，铃声一响，教授的课本还来不及收起来，同学们就已经以豹的速度溜出教室，奔向食堂。即使脚下生风，依旧难逃食堂人满为患的尴尬，远方有

脸面酷似凶神的盛菜大师傅，身边是前仆后继的兄弟们，至于里面的饭菜，总

是会背负菜品单一、味道诡异的恶名。记得曾经在某高校的BBS上看到了他们食堂某天中午全部荤菜的清单：宫保鸡丁、可乐鸡块、孜然鸡骨、炸鸡排、鸡丝豆腐、红烧鸡腿，请问食堂大师傅，难道猪牛鱼虾都请假了吗？

虽然不少同学有勇气直面那些撒落在食堂里的痛苦与无奈，但如果上天真的给他们重来一次的机会，他们一定会选择努力学习，考入清华，因为清华是神话,清华的食堂更是神话。

特色之一：美味

印象中清华的学生中有一种"天地间唯我独尊"的气势，这一点更加充分地体现在食堂就餐上，桃李园、紫荆园、万人食堂……这么多的就餐选择，使得清华的食堂显得宽松了不少，大家不必排着长队看大师傅脸色，吃饭都能吃得如此从容自在，难怪他们做人和做学问的态度也都相当平和自如呢。

现在清华学生中人缘最好的食堂应该是桃李园和紫荆园了，靠近教学区的位置优势、颇具现代感的外部造型都恰到好处地迎合了清华简约、西化的风格品位，更重要的是，那里的饭菜品质真

的是无可挑剔，花样繁多、烹制精美，想想吧，用食堂的价吃出饭店的味儿，这就是清华学生的口福。

紫荆园是清华最大的食堂，共有4层，可同时容纳几千人就餐，各种地方口味都现身其中，川、鲁、粤、湘、台湾小吃、东北菜、山西面食……应有尽有。

至于桃李园，麻辣烫绝对是那里的招牌，这批从十五食堂转战过来的大师傅们在这里将手艺练到了炉火纯青的地步，也将清华的麻辣烫推向了极致，味足油红，香辣诱人。正如一位化学系的研究生所说，虽然每天这里都要排好长的队，但同学们还是趋之若鹜，因为实在是香！另外，桃李园食堂的2层是自助式的，让大家告别了遥相选菜经常看走眼的时代，可以和美食零距离接触，真正达到选菜稳、准、狠的境界。建筑

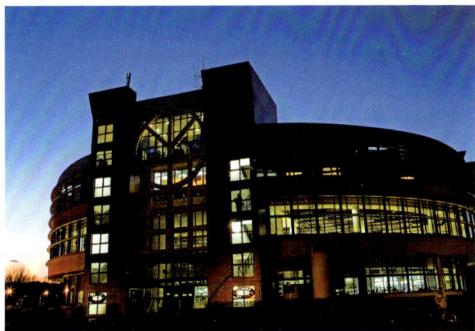

系的苏苏说："我眼神不好，以前在传统的买饭窗口经常是远远看着像土豆，买到手里才发现是肥肉片，现在好了，感觉超爽。"

这就是清华的食堂，无数张幸福大嘴在这里尽情享受。

特色之二：便宜

据报道：2009年5月3日，在五四运动90周年到来之际，国务院总理温家宝应清华大学学生邀请，来到鲜花盛开的的清华园，和清华师生共同迎接五四青年节。

在和学生座谈完后，温家宝中午在清华大学桃李园学生餐厅2层凭用餐卡买饭，他自己挑选的菜：一份西红柿炒鸡蛋、半份芹菜豆腐干、半份木耳肉片、一小碗米饭、一小碗绿豆粥，共花了4元7角钱。

在清华吃饭，最大的好处就在于——便宜。甚至吸引了众多周边院校的学生骑着自行车来清华吃饭，人送外号：清华蹭饭团。

清华大学学校饮食中心一直保证免费汤粥和低价菜肴的供应，其中包括5角钱一份的素菜。学校还通过各种渠道加强对家庭经济困难学生的资助。

QQ美味

提起QQ，你的第一反应是什么?聊天、游戏还是养宠物?可清华同学一定会告诉你是美食，因为他们的校园里有QQ休闲、QQpizza、QQcoffee、QQ永和、QQ快餐，个个风格迥异，却都贴心可人，成了清华一景。身为理工科院校的典范，清华似乎总给人一种严谨过人、浪漫不足的印象，然而位于桃李园食堂地下一层的QQ休闲餐厅却打破了那种被无数设计图纸和实验报告所营造出来的科学感，它似乎在告诉人们，清华的学生也懂浪漫，清华的学生也爱格调。

进入餐厅，你首先就会被它的装潢所吸引，红色的调调，不规则码放的沙发，设计感极强，却不做作。最喜欢它那种钢丝配竹叶的隔断造型，不知道设计者的初衷是什么，你可以把它理解成生活在钢筋水泥里的人们对自然的向往。透过竹叶，对面女孩清秀的面庞若隐若现，耳边萦绕着轻柔的萨克斯曲，这种惬意的感觉在QQ休闲餐厅里并不难得。

　　餐厅很像一个水吧，主要经营咖啡、果汁等饮品，是同学们课后休息、聊天、读书的地方，并且由于面向学生，价位不高，人均消费只有15元左右，如果你愿意，可以在这里坐上一整天。

　　若是想再便宜一点，位于万人食堂一层的QQcoffee也是个不错的选择，四五元一杯的咖啡经济实惠，味道一样醇香。

　　卫生的环境、便捷的购买方式确实给大家带来了不少方便。

住在清华

  清华大学学生宿舍可以说是华北地区条件最好的，按国际标准来安排的宿舍，比如学生4个人一间，上铺统一住宿，下面是统一的电脑桌，预留网络接口、电话接口、空调接口，8个人有个共用的会客和学习室，每个床铺的床单窗帘都是美术学院设计的。宿舍保安各方面实行门禁系统，非常安全，进宿舍楼都要刷卡，居住条件也很好。如果是本科生的话，一个寝室有4张床，下面是桌子的那种，还有柜子，可以自己装空调，有一个小阳台，有4个端口可以上网。两个寝室共用一个客厅，里面有张桌子，有个电话，上面有8个小壁橱。硕士生宿舍两人一间，一人拥有一个上下床，一般睡下面，上面放东西；有网线，有免费暖气，可装自费的空调，4层的洗漱物品架（非常够用），4层的立柜，一个床头柜，两张方桌。如果是博士，应该是一个人或两个人一间房子，住宿费为1500元/年左右。

  信息化是清华学生宿舍的最大特征，其标志是"三网（闭路电视、电话、电脑网）入室"，室内每个学生床位都有电脑接口，是全国高校中最大的电脑网。实际上每个学生均可在宿舍上网冲浪，可进行网络教学、答疑、交作业。

  在清华，即使下了课你也不会无聊，清华的学生文艺社团和体育运动多种多样，可玩的地方很多。近几年学校加大了投入，在西体育馆南、校医院旧址，建成了4071平方米的"学生文化活动中心"（蒙民伟楼），设有音乐、美术、舞蹈教室，展览厅、报告厅和舞厅，以及40多间琴房，各种文艺社团都在此活动。如果比起吹拉弹唱，你更喜欢游泳健身，那么清华里面的操场、体育馆、健身房任由你选择：东大操场和西大操场已全部铺设草地或红绿色的塑胶跑道；后体育馆将改建为保龄球及健身房；9500平方米的游泳跳水馆和12600平方米的、容纳5000观众的大型综合体育中心（馆）坐落在中央主楼以北，分别位于东大操场东北和正南面。由庄维敏博士设计组设计的这两座大型体育馆，高大雄伟、刚劲新颖、设施先进。2001年秋季北京召开的世界大学生运动会部分项目的比赛就在此进行。由香港著名实业家、清华顾问教授曹光彪先生捐款5000万元和国家投资兴建的综合体育中心，具有举办国内国际体育比赛、大型文艺表演、电影放映、全校性会议等多种功能。从空中俯视，游泳馆—东大操场—综合体育中心—主楼—新的主校门，这条一公里的中轴线，气势磅礴，颇具"王者风范"。目前全校的体育运动场馆共约17万平方米，这些体育设施之完善和先进，在全国高校中首屈一指。

除了住得好、有得玩，在清华生活也是很方便的：吃饭有食堂和饭店，购物有众多校内商店，取钱的话，校内有4家银行，学校附近还有4家银行，ATM机更是遍布校内各个角落，此外，还有一家校内邮局，位于照澜院（从二校门向南直走可见），另外在各主要道路可以找到邮筒。

行在清华

美丽的校园单车

在北京这个大都市里，主路、辅路、街道，汽车似乎无孔不入，但清华园却似是一个世外桃源，校园内最日常的代步工具是自行车，无论是课间的自行车大军，还是男孩子载着女孩子去图书馆，给人感觉这才是校园，这才有校园的味道。如果没有了自行车，清华好像就失去了那么几分味道。

如果你是游客，想体会一下校园内骑单车的滋味，你可以租一辆单人或双人的自行车，很是方便。

贴心校车

不知道有几所大学校园会有专门的班车，清华算一个！从西校门发车，停车场，二校门，汽车楼，开发楼，南校门，西主楼……一块钱一位，清华校车带你遍览清华最重要的区域。

如果你是清华的学生，过年后返校的路上，一定会有诸多惊喜和感动。

3月2、3、4日是清华同学返校的高峰期，考虑到同学们过年后返校大多会携带大件行李，从学校西门、东门等地到紫荆公寓需要半个多小时的步行路程，学生部、接待服务中心等部门专门组织免费校车接送同学返校活动。在五道口城铁站等处，清华学生治安服务队的同学们举着"清华免费校车"的牌子，不断迎接着返校同学的归来。进了校门，学生治安服务队的同学还会用板车帮助同学们运送行李回宿舍。

艺韵悠扬

　　一提起清华，大家印象里都是古板单调的工科院校生活和戴着眼镜、神色匆忙的工科学生。其实不然，清华园里的课余生活相当丰富：如果你想练个好身材，可以参加清华大学艺术团舞蹈队、健美协会、街舞队；如果喜欢传统文化，那么有古琴社、京昆协会、越剧协会、艺术团京剧队和曲艺队等社团（这些连一般文科院校都很难俱全的社团在清华却办得红红火火）可供你选择；如果你是个西方文艺爱好者，那么，音乐剧社、艺术团军乐队当然是你的不二选择。这些社团参加者虽然都是清华的普通学生，但由于清华的教师资源丰富，所以整体水平绝不是校级的，社团经常参加校外的表演。如果你不喜欢文艺的话，那么，几乎天天都有的学术讲座是非常不错的选择，在这些艺术讲座上，知名演员、导演、作家、学者屡见不鲜。

　　明天你是否会想起　昨天你写的日记

　　明天你是否还惦记　曾经最爱哭的你

·······

　　也奇怪了，中国这么多所大学，只有清华这所工科院校出的民谣歌手最多，你看，高晓松、水木年华、李健、难以置信这些时尚的歌手居然是那个人们心中古板的工科

学校的学生。对，他们是"另一种"清华人，是清华的一个团体，一个代表，一种象征——清华时尚精神的象征，清华现代生活方式的象征。除了这些将唱歌作为事业的著名歌手外，清华还活跃着数量更为庞大的一批"非著名歌手"，他们活跃在清华的艺术节上、校园歌手大赛上、班集体聚会上、兄弟聚会上、女生宿舍楼，他们展现着自己的个性，肆意地挥洒着青春的活力。可以这样说，音乐或者说艺术，是清华的一种生活方式，是清华的另一种颜色。它包含着摇滚、蓝调、昆曲，混合了热烈、优雅、精致的元素，色彩斑斓，摄人心魄。

听，有人在草坪上弹吉他：

图纸上

小数点 开方 集合

直线 弧线 菱形

美的光泽闪耀其中

月光下

贝司上跳动着《苏武牧羊》

哦

美丽的雅典娜

智慧的厄洛斯

社团撷英

清华大学有着悠久的学生自治传统，各种学生社团在校园生活中扮演着重要的角色，丰富多彩的社团活动一直是清华大学学生第二课堂的一大特色。清华大学的学生社团至今已逾百家，涵盖体育、科技、艺术、人文社科和公益五大类，注册会员总数超过2万人次。以下是最新评出的20家五星级学生协会：

绿色协会、山野协会、手语社、职业发展协会、国际象棋协会、跆拳道协会、心理协会、爱心公益协会、海峡两岸交流协会、对外交流协会、马拉松爱好者协会、汽车爱好者协会、京剧昆曲爱好者协会、理财协会、国际文化交流协会、摄影协会、越剧协会、文学社、求是学会、学生马克思主义学习研究协会（又叫TMS协会，会员达到4000多人，是北京高校中规模最大的学生社团）。

这些协会根据自身宗旨，推出了许多高质量、有特色的活动。TMS协会每年的理论知识竞赛，吸引大量的同学参加，TMS协会还组织学生到社会中去实践，利用五一假期和暑假时间，组织大型社会实践团到河南、山西、河北、山东、陕西等地。有一年暑假，TMS协会组织同学们到邓小平同志的故乡四川广安参加社会实践，取得了良好的成效。清华大学国旗仪仗队，是全国高校第一支学生国旗仪仗队，成立以来，除了完成礼堂广场日常升降国旗的任务外，还出色完成了校内外各种大型活动和多项国内外比赛的升旗任务，奥运期间，他们还奔赴6个场馆参加升降国旗服务，向世界展示中国年轻学子的朝气与风采。绿色协会的"保护可可西里"、"伊妹传情、减卡救树"及爱心公益协会组织的救助贫困儿童等活动，均在社会上引起了一定的反响。

为祖国健康工作50年

　　"同学们，现在是课外锻炼时间，走出宿舍，走出教室，去参加体育锻炼，争取至少为祖国健康工作50年。"仿佛是集合的号角，又仿佛是亲切的提醒，每天下午4点半，当这激昂的声音在校园广播中响起，清华园就像突然拨响了的琴弦，青春跃动，生机勃发。

　　50年过去了，每天的广播依旧，沸腾的操场依旧，而操场上那跃动的身影却换了一拨又一拨。"争取至少为祖国健康工作50年"，这句浓缩了清华体育精神的话语，经过50年的洗礼和磨砺，深深铭刻在了每一位清华人的心中。时至今

日，许多当年风华正茂的莘莘学子，已经用自己不断奋斗的人生践行了这个目标，而清华园年轻的后来者也正向着这个目标努力进发。

体育，让学生成为完人

清华素有重视体育的传统。说起这个传统，最早可以追溯到王国维先生。早在1906年，王国维先生发表文章，提出教育必须德、智、美并行，使学生达到真善美的境界，此外再加上体育，学生才能成为完人。这是中国人第一次提出德智体美全面发展的教育理论。6年后，周诒春出任清华副校长，立即确定德智体"三育并进"：每天下午4点到5点，在体育部主任舒美科指挥下，学校会把图书馆、教室、宿舍统统锁起来，强迫学生们去操场或体育馆例行锻炼，清华成为中国最早设立正规西式体育的学校之一。

在清华，希腊人崇尚体育的精神得到伸张，体育课不及格，不能毕业。学校还规定，所有学生必须通过5项体育指标并通过游泳考试才能出国，任何人不得违例。吴宓就曾因跳远不及格被推迟半年出国，大文豪闻一多和梁实秋则

都在这个室内游泳池里遇到难题。正是这种传统使清华成为整个华北地区体育最强的高校，这种注重体育的校风一直延续至今，甚至西南联大时期也没有间断。1952年蒋南翔出任校长，他继承和发扬了清华的优良传统，强调"科学知识、进步思想、健全体魄统一"，提出"学校也应该是出体育人才的地方"。1957年11月29日，在清华的体育干部会上，蒋南翔总结提炼出"为祖国健康工作50年"的口号，从此，这句脍炙人口的号召成为清华大学博大精深的文化理念中重视体育、崇尚体育的一个标志，更成为一项很有影响的办学特色。

葛洲坝集团公司原副总工程师徐鸣琴，1955年毕业于清华电机系水力发电专业，在校期间门门功课优秀，而且

热爱体育，是清华体操队的一名优秀队员。在献身祖国水电事业50年的风雨历程中，徐鸣琴从大东北走到大西南，穿山越岭，参与了包括官厅水库、二滩水电站、葛洲坝水电站、三峡水电站在内的数十个水利工程的建设。如果没有在学生时代打下良好的身体基础，很难在长期的野外艰苦工作环境中取得事业的成功。这样的事例在清华数不胜数。

清华体育课

当年清华大学由本科5年制转为4年制教学时，3年中的体育课程不减反增，形成本科"4+3+1"的体育课程体系，贯穿于本科教育的全过程。研究生阶段则开设体育选修课程。目前，大学第1—4学期的体育课为必修，每学期1学分；第5—8学期的体育专项不设学分，其中第5—7学期为限选，第8学期为任选。体育课学分不够或不通过者不能毕业及获得学士学位，惩罚之严，在兄弟院校中并不多见。

为了适应时代发展，清华体育课程现在已经开设了50余个运动项目，并且还在不断地调整，以最大限度地满足同学们的需求。在这些项目中，既有球类运动、游泳、健美操等覆盖人数较多的"大餐"，又有赛艇、跳水等需要较高身体素质的"小鲜"；既有充满时尚气息的瑜伽、街舞、保龄球、击剑等项目，又有体现民族传统的花毽、太极拳、空竹、秧歌等等。值得一提的是：民族传统体育项目以其独有的魅力吸引了不少同学。空竹、花毽适合长期伏案工作的人。据选修空竹课的同学反映：选课之前对空竹这项运动并不十分了解，而通过学习，已经能够熟练地做花样了。体育部张威老师说："把空竹和花毽列为学生体育选修科目，目的在于丰富学校体育课的内容，使学生接受民族文化的熏陶，使得具有古老历史的民族体育奇葩在校园中重新绽放。"

高水平教练给普通学生上体育课是清华体育的又一大特色。清华大学跳水队总教练于芬老师不仅负责跳水队的日常训练工作，而且还负责本科生的跳水课；亚运会体操冠军周晓菁老师的艺术体操、形体和瑜伽课一直是同学们的热选课。清华的体育教师队伍是一支高水准的精英团队，在51名专任教师中，有9名具有博士学位。

在外人看来，清华体育以要求严著

称，最明显的是在体育达标环节中，男生测试3000米，女生测试1500米，学生在校期间还要学会游泳。而清华体育课又是最受学生喜爱的课程之一，体育系列课程被评为北京市精品课程、国家级精品课程。究其原因，在于其教学环节的不断创新。在选课方面，学校提出了"三自主"——自主选择课程项目、自主选择任课教师和自主选择上课时间。在体育课的教学过程中，则采用分层教学，部分课程采用男女混班、跨年级合班上课。

清华人的健身

一年一度的北京国际马拉松赛上，清华人的身影总会活跃其中。2003年，清华有6000多人参加马拉松活动，282人跑完全程，1755人跑完21.1公里的半程。而到了2006年，有489名清华人能够跑完全程。在保证安全的前提下，现在有越来越多的清华师生向马拉松发起了挑战。

清华大学一直积极开展常年、持续、多样化的群众性体育活动，坚持课内学习与课外锻炼的有机结合，坚持普

及与提高相结合、体育面向学校全体人员的方针，通过科研指导教学，开展科学化、定量化的指导学生体育锻炼、体疗康复和运动处方的实践，使学生真正体验到体育运动对身心健康促进的重要意义。近年来，清华学生体质健康标准合格率连续3年超过99%。

尽管清华的体育课种类繁多，要求严格，但是一周一次的课程量远不能真正达到锻炼身体的目的，作为对体育课的补充和发展，各种体育协会便成了促进和深化同学们自主运动的主要动因之一。同时，也给清华的体育代表队提供了坚实的群众基础。体育类社团数量更是居各类社团协会之首。除了传统的球类、水上类之外，还有武术类、棋牌类、极限类等各种协会24个。每年秋季学期伊始的招新大战中，体育类协会都是一道道庞大而又亮丽的风景线。

同体育课一样，体育协会涵盖的运动也是丰富多彩。在其他高校甚至在社会上也并非主流的运动却在清华的校园里拥有巨大的活力和空间。像山野、轮滑、围棋等协会，都在同学中有着极高的人气和广泛的参与度。

基本上清华的每个体育协会都有着常规性的训练和技术辅导。每逢重大赛事和大型活动，训练会更加频繁。学生社团根植于学生中间，不少协会的日常训练也是向广大非会员同学开放的。比如轮滑协会的技术辅导只要是热爱轮滑的同学都可以来参加，北京国际马拉松比赛前，马拉松协会的训练也是面向所有参赛的同学的。

清华大学的课外体育活动，每年历时10个月，包括涵盖全部竞赛项目的"马约翰"杯、马拉松活动、校园长跑和社团活动等，体系健全，丰富多彩。

与此同时，以"体教结合、全面发展、育人至上、体魄与人格并重"为理念，清华也在不断探索在普通高校培养具有国家水平的学生运动员。1954年，在蒋南翔的倡导下，清华大学体育代表队正式成立，至今，清华体育代表队已经成为全国高校中最大最完整的学校体育代表队，共有500多名队员，已成立包括田径、篮球、射击、赛艇、跳水、游泳等26个项目的37支队伍，学校自己培养的国家运动健将达50余人。

近年来，"体教结合"取得了丰硕成果，体育代表队获得了大量优异成绩。清华田径队在北京高校田径运动会连续10多年蝉联冠军，连续多次获得全国大学生田径锦标赛金牌总数第一，2001年田径队队员梁彤首次实现了清华自己培养的学生在全国运动会上夺牌的梦想，之后多名田径队队员不断在全国乃至国际赛场摘金夺银。2005年8月在土耳其第23届世界大学生运动会上胡凯获得男子100米冠军，王颖获得女子三级跳冠军。在卡塔尔多哈举行的第15届亚洲运动会上，清华大学学生运动员代表中国取得4枚金牌、1枚银牌和1枚铜牌。2005年10月在第十届全运会上清华大学学生运动员获得4枚金牌、5枚银牌，在社会上引起很大反响，清华大学体教结合模式受到广泛关注。在2008年的奥运会以及2010年的亚运会上，清华学子更是取得了傲人的成绩。

院系设置

建筑学院
建筑系

城市规划系

建筑技术科学系

景观学系

土木水利学院
土木工程系

水利水电工程系

建设管理系

机械工程学院
机械工程系

精密仪器与机械学系

热能工程系

汽车工程系

工业工程系

航天航空学院
工程力学系

航空宇航工程系

信息科学技术学院
电子工程系

计算机科学与技术系

自动化系

微电子与纳电子学系

微电子学研究所

软件学院

理学院
数学科学系

物理系

化学系

生命科学学院
电机工程与应用电子技术系

环境科学与工程系

材料科学与工程系

工程物理系

化学工程系

交叉信息研究院

经济管理学院
　　管理科学与工程系
　　技术经济与管理系
　　金融系
　　经济系
　　会计系
　　企业战略与政策系
　　人力资源与组织行为系
　　市场营销系

公共管理学院

马克思主义学院

人文社会科学学院
　　哲学系
　　社会学系
　　政治学系
　　中国语言文学系
　　历史系
　　外国语言文学系
　　国际关系学系
　　心理学系

新闻与传播学院

美术学院
　　史论部分
　　艺术史论系

设计部分
　　工业设计系
　　环境艺术设计系
　　陶瓷艺术设计系
　　视觉传达设计系
　　染织服装艺术设计系
　　信息艺术设计系
　　美术部分
　　工艺美术系
　　绘画系
　　雕塑系

医学院
　　医学系
　　药学系
　　生物医学工程系
　　第一附属医院
　　第二附属医院

核能与新能源技术研究院

体育部

艺术教育中心

深圳研究生院

继续教育学院